www.ingramcontent.com/pod-product-compliance
Lightning Source LLC
Chambersburg PA
CBHW081114180526
45170CB00008B/2840
* 9 7 8 1 5 2 2 9 4 8 3 9 1 *

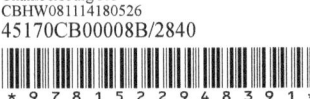

一笑　編著

趙孟頫楷書——

《老子》解說

一笑文化傳播公司出版

出版說明

趙孟頫（注音：ㄈㄨˇ，拼音：fǔ）（西元 1254—1322），字子昂，號松雪道人，又號水精宮道人、鷗波，浙江吳興（今浙江湖州）人。宋皇室後代，元初著名書畫家、詩人。官至榮祿大夫、知制誥兼修國史之職。擅長篆、隸、楷、行、草書，尤以楷、行書著稱於世。其書法風格遒勁秀逸，結構嚴整，筆法圓熟，世稱「趙體」，其楷書與唐代顏真卿、柳公權等齊名。楷書《老子》爲其代表作之一，書於延佑三年（西元 1316 年），時年 63 歲，筆法十分老道，既穩健又瀟脫，既剛健又圓潤。

《老子》又稱《道德經》，相傳爲老子所著（參見書末附錄），雖然只有五千言，卻是中國古代最爲傑出的哲學著作。雖然《老子》著於二千五百年前，卻飽含現代天文學、核物理學、生命科學、環境科學以及其他自然科學最爲先進的原理，以《老子》爲指導，甚至可以找到目前科學家尚未發現的秘密。在養生方面，老子提倡「道法自然」、「無爲而無不爲」、「知足常足」、「不爭」等理念，是其他學派所不能及的。在道德修養方面，老子提倡「報怨以德」、「守道」、「德善」、「德信」等，更是道德修養的最高境界。

本書將趙孟頫楷書《老子》與本書編著者多年潛心研究的成果編纂在一起，使得讀者在欣賞書法藝術的同時，對中國古代最爲深奧、最富哲理的東方哲學有一定的了解。本書的《老子》原文，由編著者以今本爲基礎，參照馬王堆帛書本精心修訂而成。

編著者：一笑（博士）於加拿大維多利亞

西元二〇一六年、黃帝紀年四七一三（丙申）年夏

目錄

關於編著者

一笑（YeShell），本名羅強，理工類哲學博士（Ph.D.），中英文雙語作家，編劇，詞曲作者。1966 年出生於中國廣西，1983 年就讀於清華大學，1988 年、1992 年清華大學本科、碩士畢業。1997 年留學日本東京大學，2000 年獲博士學位，2004 年在加拿大不列顛哥倫比亞大學做博士後，2008 年在美國關島大學任助理教授，現爲加拿大一笑文化傳播有限公司（YeShell Culture Corporation）總編輯。

1987 年開始業餘文學創作，在國外居住期間，結合天文學及自然科學，長期對中國傳統文化進行獨到的研究。在中國大陸出版有專著《老子與〈道德經〉》（21 世紀出版社，2005），該書被譯成韓語在韓國出版（2006）。在美國出版有：長篇英文小說「The One-Tree Grove」（《獨樹成林》, Lulu Press, 2007, 2009），該書漢語版在雲南《西雙版納報》上全文連載（2009）；長篇英文科幻小說「Birth of Death」（《死亡生産》）；長篇軍事小說《火樹血戀》；長篇都市小說《香消玉殞溫哥華》，教材《格律詩詞寫作淺講》中英文版，《虛無谷大曆險—〈老子〉與科學的故事》、《四維表大穿越—〈論語〉與曆史文化的故事》等。劇作品有：描寫 2008 年汶川大地震救援的電影及話劇劇本《子弟兵的諾言》，24 集電視連續劇劇本《相約楓葉紅》、英文電影劇本「The Great Bear Rainforest」（《大熊雨林》）、英文電影劇本「Tea Glamour」（《跨國戀情三道茶》）等。歡迎來信交流，編著者電子信箱：yeeshell@gmail.com。

第一章

道可道非恒道名可名非恒名無名天地
之始有名萬物之母故恒無欲以觀其妙
恒有欲以觀其徼此兩者同出而異名同
謂之玄玄之又玄衆妙之門

《老子》第一章原文：道可道，非恒道。名可名，非恒名。無名，天地之始；有名，萬物之母。故恒無欲，以觀其妙；恒有欲，以觀其徼。此兩者，同出而異名，同謂之玄。玄之又玄，眾妙之門。

一笑今譯：「道」是可以講的，但要講的不是通常所說的道。名字也是可以有的，但這不是通常所說的名字。虛無就是宇宙創始之時的狀態；實有就是萬物的母親。所以，當人們時刻保持沒有欲望的狀態，就可以考察到宇宙的本質（即虛無）；如果人們始終充滿各種欲望，則只能觀察到宇宙的外形（即實有）。（虛無和實有）兩者有著共同的本質，只是表現形式不同而已。它們的共同點就是深奧。非常非常深奧的東西，就是萬物及宇宙的共同內在特性。

《老子》第二章原文：天下皆知美之爲美，斯惡已；皆知善之爲善，斯不善矣。有無相

生，難易相成，長短相形，高下相盈，音聲相和，前後相隨。恒也。是以聖人處無爲之事，行不言之教。萬物作而弗始，生而不有。爲而不恃，功成而不居。夫唯不居，是以不去。

一笑今譯：天下的人都知道美爲什麼會美，這就是醜了。都知道善爲什麼是善，這就是惡了。實有和虛無可以相互生成，難和易可以相互轉變，長和短相互比較（纔有意義），高和低相互對照（纔看得出來），聲響和回音相互呼應，前與後相互跟隨。這個道理永遠都不會改變。所以，聖人要做的就是「無所作爲」，在無言之中教導別人。萬物的興起並不是要故意制造不同的物種，它們的生育繁殖也並不是爲了擁有它們的後代（，這些都只是自然的過程而已）。（所以聖人）做事不是爲了逞能，成功之後也不是爲了炫耀。只有不居功炫耀，他的功績纔會永恒。

天下皆知美之爲美斯惡已皆知善之爲
善斯不善矣有無相生難易相成長短相
形高下相盈音聲相和前後相隨恒也是
以聖人處無爲之事行不言之教萬物作
而弗始生而不有爲而不恃功成而不居
夫唯不居是以不去

第二章

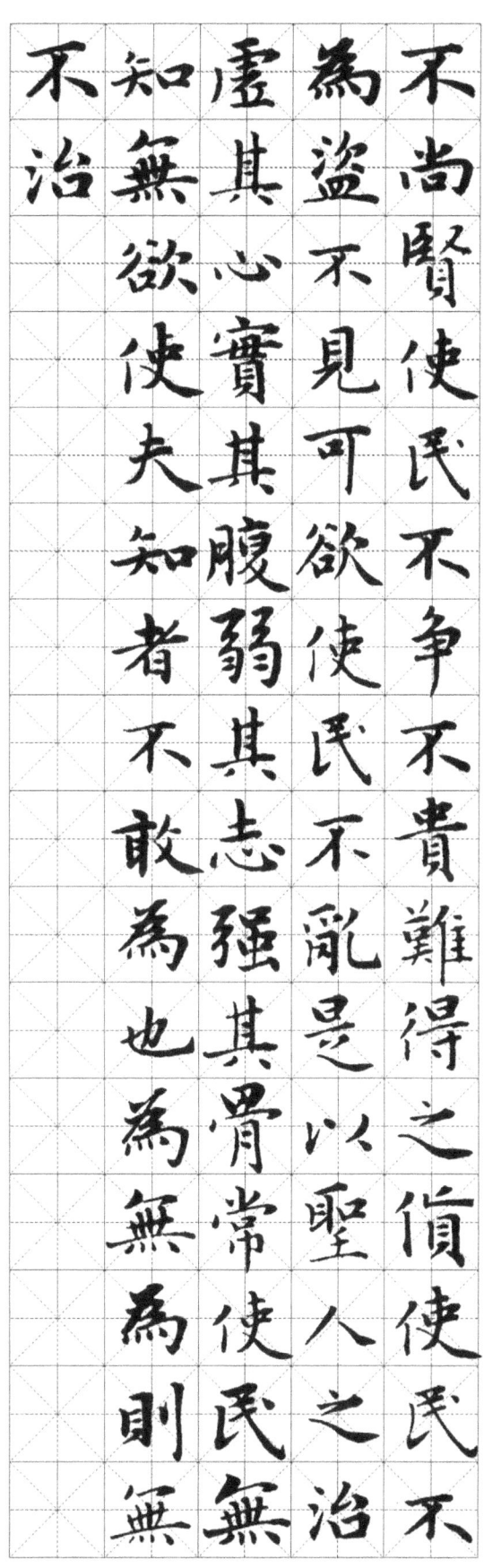

第三章

不尚賢使民不爭不貴難得之貨使民不為盜不見可欲使民不亂是以聖人之治虛其心實其腹弱其志強其骨常使民無知無欲使夫知者不敢為也為無為則無不治

《老子》第三章原文： 不尚賢，使民不爭；不貴難得之貨，使民不爲盜；不見可欲，使民不亂。是以聖人之治，虛其心，實其腹，弱其志，強其骨。常（恒）使民無知無欲，使夫知者不敢爲也。爲無爲，則無不治。

一笑今譯： 不推崇賢能之輩，以使世人不爭強好勝；不看重奇珍異寶，以使世人不做賊盜；不鼓勵可引起貪欲的事物，以使世人不心生邪念。所以，聖人治理國家，是要使人民淨化心靈，吃飽肚子，淡泊誌向，強健體魄。（這樣）常使人民在不用求知、沒有奢望（就過上好日子），以使那些聰明人不敢做爲。做到上面這些「無所作爲」，則沒有不把國家治理好的。

《老子》第四章原文：道沖，而用之或不盈；淵乎，似萬物之宗。挫其銳，解其紛，和其光，同其塵，湛兮似若（或）存。吾不知其誰之子，象帝之先。

一笑今譯：道，是空虛無形的，但使用起來卻無窮無盡；淵遠深奧啊，就像是萬物的共同本質。消除你的銳氣，擺脫世俗的紛爭，使生命之光變得柔和起來，把你的生命等同於沒有生命的塵埃，在幽遠的地方啊，（你就會發現）它似有似無地存在著。我不知道它是從那裏產生的，但它在早期宇宙產生之前就已經有了。

第四章

道沖而用之或不盈淵乎似萬物之宗挫其銳解其紛和其光同其塵湛兮似若存吾不知其誰之子象帝之先

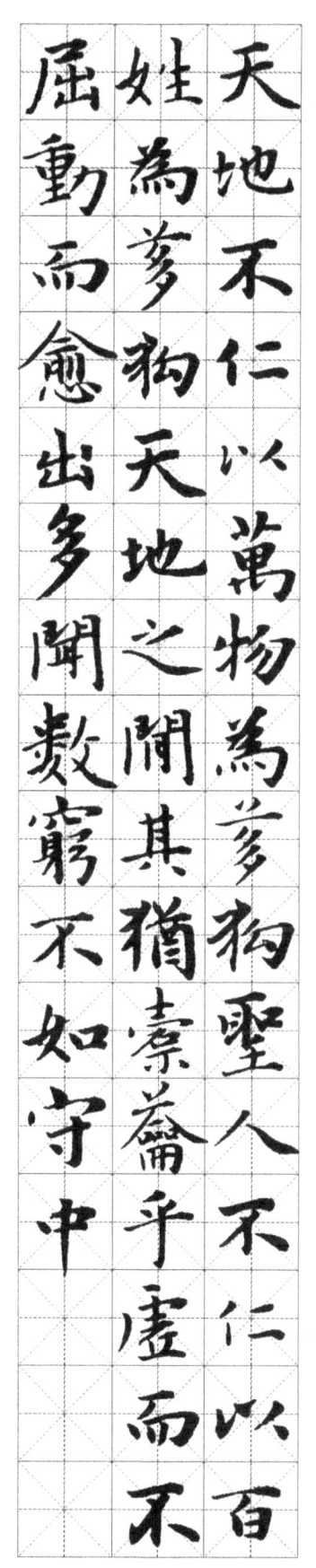

第五章

天地不仁以萬物為芻狗聖人不仁以百
姓為芻狗天地之間其猶橐籥乎虛而不
屈動而愈出多聞數窮不如守中

《老子》第五章原文：天地不仁，以萬物爲芻狗；聖人不仁，以百姓爲芻狗。天地之間，其猶橐籥乎？虛而不屈，動而愈出。多聞數窮，不如守中。

一笑今譯：大自然無所謂仁義，它（毫無區別地）把世間萬物當作祭神用的稻草狗；聖人也不講仁義，他也（毫無區別地）把百姓都看作祭神用的稻草狗。天和地之間，不正像是一個鼓風袋嗎？（鼓風袋）被張拉開變成虛空的時候，（它）並不塌陷屈服；而被擠壓運動起來的時候，（風被吹出來，結果袋子）卻癟了。一個人知道的事物可能很多，但是數起來也有窮盡的時候，還不如（適可而止，）把它們留在心中。

《老子》第六章原文：谷（浴）神不死，是謂玄牝。玄牝之門，是謂天地根。綿綿若存，用之不勤（堇）。

一笑今譯：有一個無時無處不在的「神仙」，她不生不死，這就是宇宙奇妙的母體。這個奇妙母體有個門戶，就是我們宇宙產生的根源。（這個母體）綿綿延延、隱隱約約地存在著，使用起來永遠不會減少。

谷神不死是謂玄牝玄牝之門是謂天地根綿綿若存用之不勤

第六章

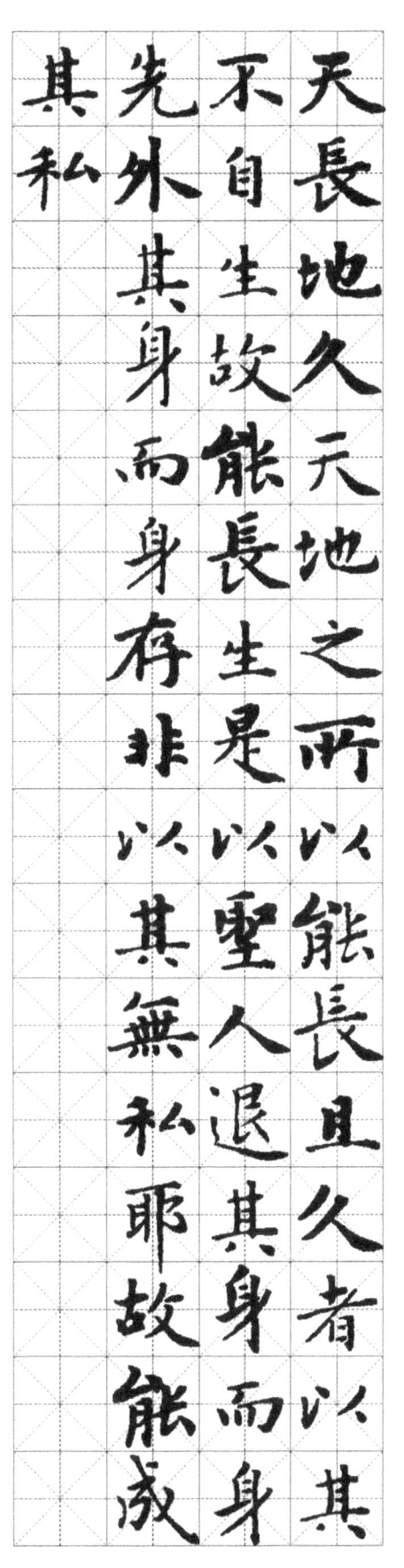

第七章

天長地久天地之所以能長且久者以其不自生故能長生是以聖人退其身而身先外其身而身存非以其無私耶故能成其私

《老子》第七章原文： 天長地久。天地之所以能長且久者，以其不自生，故能長生。是以聖人退其身而身先，外其身而身存。非以其無私耶？故能成其私。

一笑今譯： 天長地久。宇宙天地都能長久存在，其原因就是因爲他們不自我生育繁衍。（不自我生育繁衍，）就使得它們能夠長生。因此，聖人總是把自身擺在人民的後面，但是人民卻（因此愛戴他，）把他擺在前面；他把自身安危置於度外，因而反而能保存自身。難道這些不正是由於他的無私嗎？因此（無私反而）能成全了他自己。

《老子》第八章原文：上善若水。水善利萬物而不爭，處衆人之所惡，故幾於道。居善地，心善淵，與善仁，言善信，政善治，事善能，動善時。夫唯不爭，故無尤。

一笑今譯：最上等的「善」就像水一樣。水的好處就是滋潤萬物，而不與萬物相爭；身處於大家所厭惡的地方，因此最接近於道。好的居住地，應當是無人相爭的地方；開闊的心胸，應當是深沈寧靜的；好的與人交往方式，應當是心存仁慈；最動聽的話是講信用；好的政治是天下太平；事情做得好的，應該是自己力所能及的；好的行動，應該是合乎時宜的。因爲不與人相爭，所以不會招致怨恨。

上善若水水善利萬物而不爭處衆人之
所惡故幾於道居善地心善淵與善仁言
善信政善治事善能動善時夫唯不爭故
無尤

第八章

第九章

持而盈之不如其已揣而銳之不可長保
金玉滿堂莫之能守富貴而驕自遺其咎
功成身退天之道也

《老子》第九章原文：持而盈之，不如其已；揣而銳之，不可長保。金玉滿堂，莫之能守；富貴而驕，自遺其咎。功遂身退，天之道也。

一笑今譯：堅持不懈，以使所做的事情日益圓滿，還不如適可而止；千錘百煉鍛造出的鋒芒，也不能保證長久。金玉滿堂的財富，也沒有人能守得住。富貴又驕奢淫欲的人，自己種下災禍的種子。大功告成之後便隱身退去，這纔是老天爺的道理。

《老子》第十章原文：載營魄抱一，能無離乎？專氣致柔，能如嬰兒乎？滌除玄鑒，能無疵乎？愛國治民，能無爲乎？天門開闔，能爲雌乎？明白四達，能無知乎？生之畜之，生而不有，爲而不恃，長而不宰。是謂玄德。

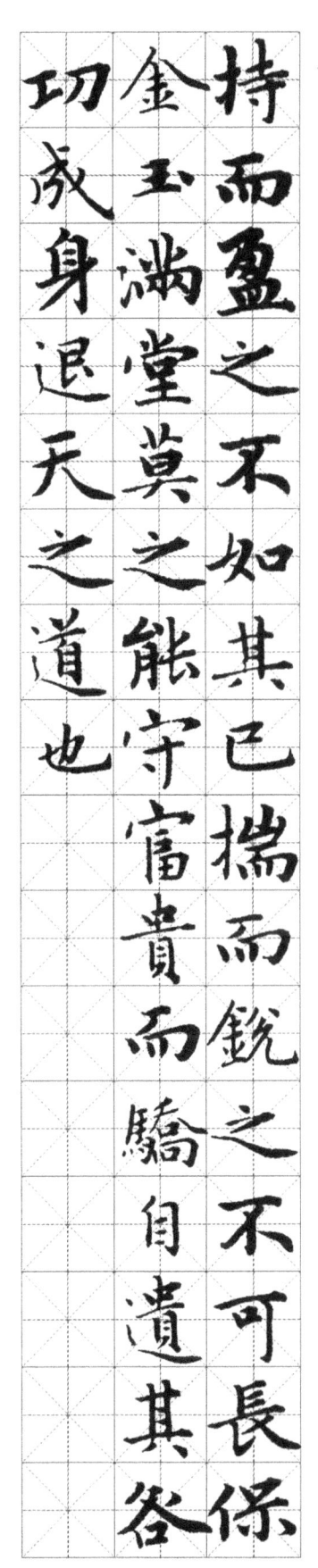

一笑今譯： 強使不同的肉體和靈魂糅合在一起，怎麼能沒有分離的時候呢？（肯定會有分離的時候。）專心運氣所達到的順暢，又怎麼能和嬰兒相比呢？（肯定沒法相比。）靠洗心革面、深入反省所達到的境界，又怎能沒有瑕疵呢？（肯定有瑕疵。）以貪戀國土統治人民爲目的人，又怎麼能做到「無爲而治」呢？（肯定做不到。）做個「天門」開開關關裝樣子，怎麼能成得了「玄牝」呢？（玄牝，宇宙之母。參見第六章。）（肯定成不了。）讓明白事理的人到處亂跑，怎麼還會有無知的人呢？（肯定沒有。）大自然生生不息，養育萬物；生育並不是爲了擁有；大自然的運動，並不是爲了逞能；它隨萬物自由生長，而不任意宰割。這就是最高深的德性。

載營魄抱一能無離乎專氣致柔能如嬰
兒乎滌除玄鑒能無疵乎愛國治民能無
為乎天門開闔能為雌乎明白四達能無
知乎生之畜之生而不有為而不恃長而
不宰是謂玄德

第十章

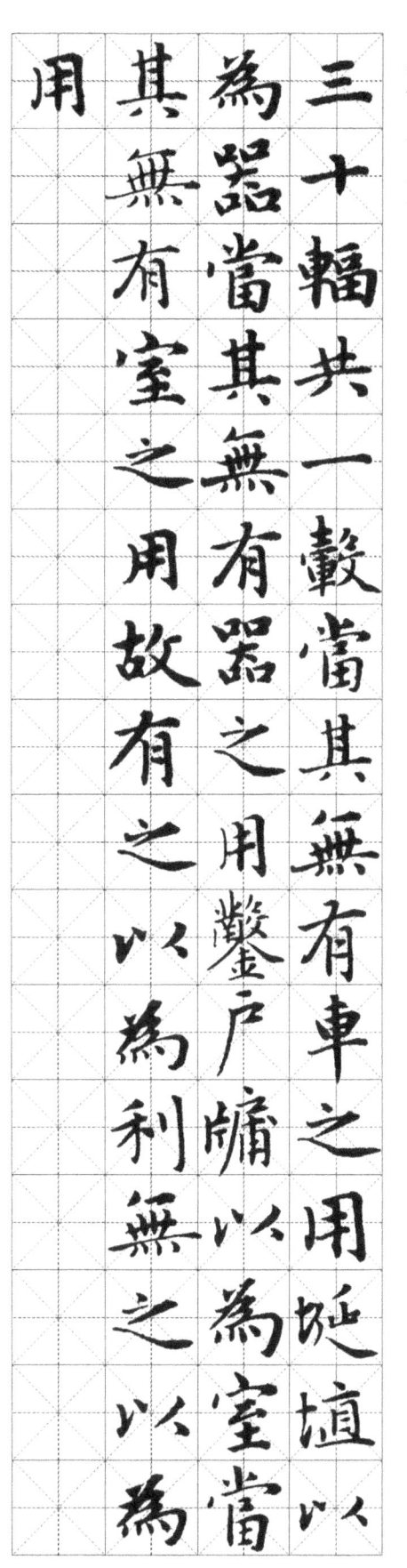

第十一章

三十輻共一轂當其無有車之用埏埴以為器當其無有器之用鑿戶牖以為室當其無有室之用故有之以為利無之以為用

《老子》第十一章原文：三十輻共一轂，當其無，有車之用。埏埴以爲器，當其無，有器之用。鑿戶牖以爲室，當其無，有室之用。故有之以爲利，無之以爲用。

一笑今譯：有三十根輻條，你把它們穿進輪轂去（，造成一個輪子和車子）；當輻條沒了，你就有車用了。有一堆黏土，你揉和它把它制成陶器；當黏土沒了，你就有陶器用了。有四面封閉的墻壁，你在上面鑿開門和窗，讓它們變成一間房子；當封閉的墻沒了（變成不封閉了），你就有房子用了。所以，（人們）擁有某樣東西，是爲了得到好處（，而不是爲了擁有而擁有）；用掉某樣東西，是爲了讓它發揮作用（，而不是把它白白丟掉）。

《老子》第十二章原文： 五色令人目盲；五音令人耳聾；五味令人口爽；馳騁田獵，令人心發狂；難得之貨，令人行妨。是以聖人之治也，爲腹不爲目，故去彼取此。

一笑今譯： 鮮艷的色彩（看久了），會令人喪失視力；動聽的音樂（聽多了），會令人兩耳發聾；美味佳肴（吃多了），會令人口味全無；騎馬馳騁、打獵遊戲，會令人心蕩瘋狂；奇珍異寶，會令人行爲失去準則。所以，聖人管理國家的目的，是讓人民吃飽肚子，而不是讓他們享樂。因此，聖人要根據這個原則進行取舍。

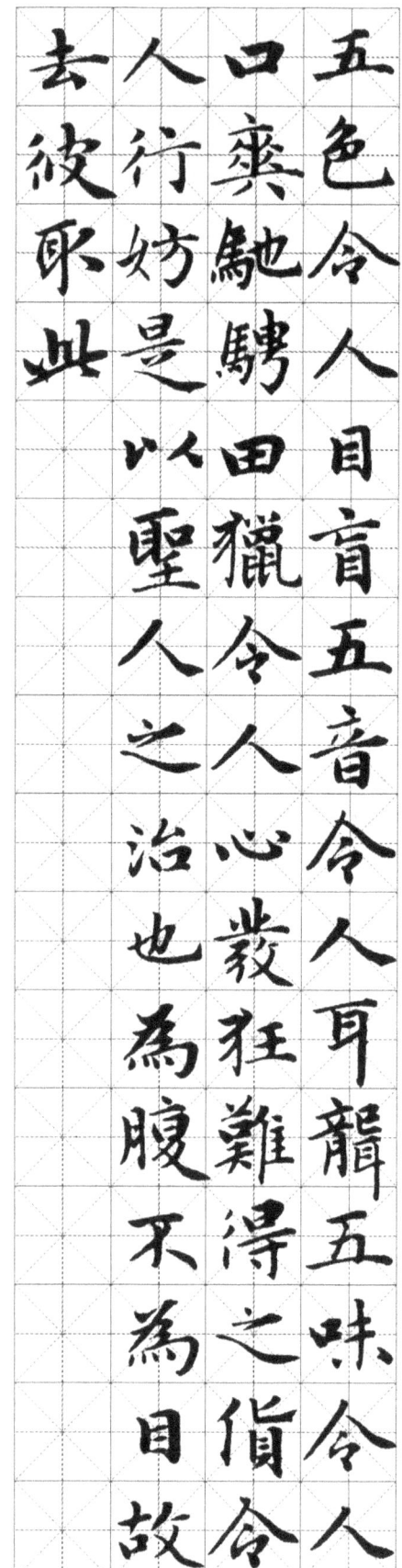

五色令人目盲五音令人耳聾五味令人口爽馳騁田獵令人心發狂難得之貨令人行妨是以聖人之治也爲腹不爲目故去彼取此

第十二章

第十三章

寵辱若驚貴大患若身何謂寵辱若驚寵
為下得之若驚失之若驚是謂寵辱若驚
何謂貴大患若身吾所以有大患者為吾
有身及吾無身有何患故貴以身為天下
若可託天下愛以身為天下若可寄天下

《老子》第十三章原文： 寵辱若驚，貴大患若身。何謂寵辱若驚？寵爲下，得之若驚，失之若驚，是謂寵辱若驚。何謂貴大患若身？吾所以有大患者，爲吾有身（也）；及吾無身，有何患？故貴以身爲天下，若可托天下；愛以身爲天下，若可寄天下。

一笑今譯： 寵辱若驚（得寵和受辱都會感到驚恐），貴大患若身（重視大禍患就會危害到自己的身體）。什麼叫做「寵辱若驚」呢？受寵表示自己地位低下（，自己把得寵和失寵都看得很重要，因此），得到了誠惶誠恐，失去了（即受辱）也誠惶誠恐，這就是「寵辱若驚」。什麼叫做「貴大患若身」呢？人們之所以會有大禍患，是因爲有身體，要是沒了身體，還會有什麼禍患呢？所以，看重（自己身體的人，如果）舍身爲天下，結果，他的身體可以托附於天下（而存在）；愛惜（自己身體的人，如果）舍身爲天下，結果，他的身體可以依付於天下（而存在）。

《老子》第十四章原文：視之不見，名曰微；聽之不聞，名曰希；搏之不得，名曰夷。此三者不可致詰，故混而爲一。一者，其上不皦，其下不昧，繩繩兮不可名，復歸於無物。是謂無狀之狀，無物之象；是謂忽恍。隨而不見其後，迎而不見其首。執古之道，以禦今之有。以知古始，是謂道紀。

一笑今譯：看不見的東西，叫做「微」；聽不到的東西，叫做「希」；摸不著的東西，叫做「夷」。這三樣東西，無法詳細探究分解，所以把它們看作一個整體。這個整體，上面不反光，下面也沒有影子。它綿綿不絕難以名狀，最終又復歸於空虛無物。這是沒有形狀的形狀，沒有實物的形象；也就是一種恍恍惚惚、不真切的東西。隨後看不見它的尾，迎面看不見它的頭。掌握上古之「道」（即「無」），可以用來駕馭現在的事物（即「有」）。由此知道古老宇宙的起源，就叫做道的紀年。

視之不見名曰微聽之不聞名曰希搏之
不得名曰夷此三者不可致詰故混而為
一者其上不皦其下不昧繩繩兮不可名
復歸於無物是謂無狀之狀無物之象是
謂忽恍隨而不見其後迎而不見其首執
古之道以御今之有以知古始是謂道紀

第十四章

第十五章

古之善爲道者微妙玄達深不可識夫惟不可識故強爲之容曰豫兮其若冬涉川猶兮其若畏四鄰儼兮其若容渙兮若淩釋敦兮其若樸曠兮其若谷渾兮其若濁澹兮其若海飂兮若無止孰能濁以靜之徐清孰能安以動之徐生保此道者不欲盈夫惟不盈故能弊而新成

《老子》第十五章原文：古之善爲道者，微妙玄達，深不可識。夫唯不可識，故強爲之容，曰：豫兮其若冬涉川，猶兮其若畏四鄰，儼兮其若客，渙兮若淩釋，敦兮其若樸，曠兮其若谷，混兮其若濁，澹兮其若海，飂兮若無止。孰能濁以靜之徐清？孰能安以動之徐生？保此道者不欲盈。夫唯不盈，故能敝而新成。

一笑今譯：古時候善於修「道」的人，（道的）微妙之處和深奧理論都能精通，（他的行爲思想都）深不可測、難以理解。由於難於理解，所以只好勉強對他進行描繪，那就是：謹慎時就像冬天過河（那樣小心），收斂時好像害怕四鄰（那樣膽小），恭敬時如同作客（那樣拘謹），灑脫時就像冰雪融化（那樣痛快），誠實時就像樹皮（那樣外露），豁達時如同山谷（那樣虛空），糊塗時好像濁水（那樣混沌），平靜時好像海面（無風時那樣安詳），運動時就像（奔騰的河水那樣）永遠不會停止。誰能夠像濁水一樣，通過靜置來逐漸達到清澈呢？誰能夠在寂靜中，通過運動來逐漸達到復活呢？能持守這樣的「道」的人，（對修養）是不會自滿的。唯有不自滿的人，纔能從過去的成就中獲得新的成功。

第十六章

致虛極守靜篤萬物並作吾以觀其復夫物芸芸各歸其根歸根曰靜靜曰復命復命曰常知常曰明不知常妄作凶知常容容乃公公乃王王乃天天乃道道乃久沒身不殆

《老子》第十六章原文： 致虛極，守靜篤，萬物並作，吾以觀其復。夫物芸芸，各復歸其根。歸根曰靜，靜曰復命；復命曰常，知常曰明；不知常，妄作兇。知常容，容乃公，公乃王，王乃天；天乃道，道乃久，沒身不殆。

一笑今譯： 虛無到極點，平靜到專一，對於蓬勃生長的萬物，我便能觀察到他們循環往復的規律。世間萬物芸芸眾多，但最後各自都要（死亡，）回歸到它們的根本（即無生命的物質）。回歸根本叫做平靜，平靜叫做恢復本來面目。恢復本來面目叫做常理。能知道常理的，叫做明智；不知道常理的，行爲狂妄、後果兇險。知道常理即包容，包容即公道，公道即周全，周全即宇宙；通過宇宙就能知道宇宙之母——道，道就是長久，即使形體死了，它也不會有所損害。

《老子》第十七章原文：太上，不知有之；其次，親譽之；其次，畏之；其次，侮之。信不足，焉有不信？悠兮其貴言：功成事遂，百姓皆謂我自然！

一笑今譯：最高明的統治者，他的臣民感覺不到他的存在。次一等的，他的臣民親近他、贊頌他。再次一等的，他的臣民畏懼他。最差勁的，他的臣民蔑視他。（統治者自己）不夠誠信，哪裏是（他的臣民）不信任（他）？像這樣的稱贊纔能久遠啊：當他大功告成的時候，老百姓都對他說：「（你所作的一切都）合乎自然之道」！

太上不知有之其次親譽之其次畏之其次侮之信不足焉有不信悠兮其貴言功成事遂百姓皆謂我自然

第十七章

第十八章

大道癈有仁義智慧出有大偽六親不和有孝慈國家昏亂有忠臣

《老子》第十八章原文： 大道廢，有仁義；智慧出，有大偽。六親不和，有孝慈；國家昏亂，有忠臣。

一笑今譯： 國家的根基已經崩潰（，能源和資源已經耗竭），（即使）有人實行仁義（，也無濟於事）。（這時，）智慧的出現，就包含著最大的偽詐。親人之間不和睦，就有孝順晚輩和慈祥長輩的出現（，但孝順和慈祥都不如親人和睦的好）；國君昏庸、國家動蕩，就會有忠臣的出現（，但這些忠臣也挽救不了國家）。

《老子》第十九章原文：絕聖棄智，民利百倍；絕仁棄義，民復孝慈；絕巧棄利，盜賊無有。此三者以爲文不足，故令有所屬：見素抱樸，少私寡欲，絕學無憂。

一笑今譯：（統治者）拋棄自以爲聖明和充滿智慧（的政策），人民將獲得百倍的好處；禁止推行仁慈和恩義（的作法），人民就復歸孝順和慈祥；堅決取締投機取巧和放貸獲利（的行爲），就不會有強盜和小偷。光從這三點做些表面文章，是不夠的；所以，我把它們歸一下類：（它們分別屬於）簡單易行，自然樸素；少些私心，淡些欲望；拒絕學問，無憂無慮。

絕聖棄智民利百倍絕仁棄義民復孝慈
絕巧棄利盜賊無有此三者以爲文不足
故令有所屬見素抱樸少私寡欲絕學無
憂

第十九章

第二十章

唯之與阿相去幾何美之與惡相去何若人之所畏亦不可不畏人望兮其未央哉眾人熙熙如享太牢如春登臺我獨泊兮其未兆沌沌兮如嬰兒之未孩儽儽兮若無所歸眾人皆有餘而我獨若遺我愚人之心也哉俗人昭昭我獨昬昬俗人察察我獨悶悶眾人皆有以我獨頑以鄙我欲獨異於人而貴食母

《老子》第二十章原文：唯之與呵，相去幾何？美之與惡，相去何若？人之所畏，亦不可不畏人。望兮其未央哉！眾人熙熙，如享太牢，如春登臺。我獨泊兮其未兆，沌沌兮如嬰兒之未孩，纍纍兮若無所歸。眾人皆有餘，而我獨若遺。我愚人之心也哉！俗人昭昭，我獨昏昏。俗人察察，我獨悶悶。眾人皆有以，而我獨頑以鄙。我欲獨異於人，而貴食母。

一笑今譯：唯唯諾諾與大聲呵斥，有多大區別呢？美好與醜惡，又相差多少呢？讓人們害怕的人，也不能不害怕別人。（這種相對的關係，）就像日月相望一樣，說不清、道不盡啊。那麼多的人熙熙攘攘，好像在享受豐盛的宴席，好像是春天來臨時的廟會戲臺。而我一人獨自隱居，對這些渾然不覺；混混沌沌，就像初生嬰兒那樣，還未曾知曉人世間的道理；疲憊不堪，就像是流浪漢那樣無家可歸。大家都富足有餘，而我一人卻像被遺棄一樣（一無所有）。我真是有一顆蠢人的心啊！世俗之人都明白事理，唯獨我一人糊裏糊塗。世俗之人個個懂得討價還價，唯獨我一人悶悶不知如何開口。眾人都有一套可以誇耀的本領，而唯獨我又頑固又粗俗。我就是要與眾不同，並且尊重養育我們的大自然母親。

第二十一章

孔德之容惟道是從道之為物惟恍惟惚惚兮恍兮其中有象恍兮惚兮其中有物窈兮冥兮其中有精其精甚真其中有信自今及古其名不去以閱衆甫吾何以知衆甫之然哉以此

《老子》第二十一章原文： 孔德之容，惟道是從。道之爲物，惟恍惟惚。惚兮恍兮，其中有象；恍兮惚兮，其中有物。窈兮冥兮，其中有精。其精甚真，其中有信。自今及古，其名不去，以閱眾甫（父）。吾何以知眾甫（父）之然哉？以此。

一笑今譯： 大德（之人）之所以能容納別人，是因爲他遵從「道」的規律。（質量大的物體引力大，是因爲它的能量大。）道（即能量），作爲一種物質形態，是恍惚不真切的。恍恍惚惚當中，就有它自己的形態；恍恍惚惚當中，就有物質。深遠幽暗當中，就有某種精靈。這個精靈相當真切，當中有實實在在的東西。從現今追溯到遠古，他的名字（即道）從來就沒有離去過，並在此俯視著芸芸眾生。我怎麽（能足不出戶就）知道芸芸眾生的態相呢？就是通過這個（道）。

《老子》第二十二章原文：曲則全，枉則正，窪則盈，敝則新，少則得，多則惑。是以聖人執一爲天下式：不自是，故彰；不自見，故明；不自伐，故有功；不自矜，故長。夫唯不爭，故莫能與之爭。古之所謂「曲則全」者，豈虛言哉！誠全而歸之。

一笑今譯：彎曲的得以保全，歪斜的得以扶正，凹陷的得以填滿，破舊的得以新生，缺乏了就有所獲得，太多了就讓人迷惑。所以，聖人一心一意爲天下人作表率：不自以爲是，所以天下人都接受他；不自我表現，所以明辨是非；不自誇，所以天下人都記得他的功勞；不自高自大，所以能長久。正因爲他不與人爭，所以沒有人能爭得過他。古時候說的「曲則全（彎曲的得以保全）」一語，怎麼會是假話呢！（我現在）誠心實意把地它的意思說完整，以便大家理解。

第二十二章

曲則全枉則正窪則盈弊則新少則得多
則惑是以聖人執一爲天下式不自是故
彰不自見故明不自伐故有功不自矜故
長夫惟不爭故莫能與之爭古之所謂曲
則全者豈虛言哉誠全而歸之

第二十三章

希言自然飄風不終朝驟雨不終日孰為
此天地天地尚不能久而況於人乎故從
事於道者同於道德者同於德失者同於
失同於德者道亦得之同於失者道亦失
之

《老子》第二十三章原文：希言自然。飄風不終朝，驟雨不終日。孰爲此？天地。天地尚不能久，而況於人乎！故從事於道者，同於道；德者，同於德；失者，同於失。同於德者，道亦得之；同於失者，道亦失之。

一笑今譯：少說話合乎自然之道。狂風颳不了一個早晨，驟雨下不了一整天。是誰興的風、降的雨呢？是老天爺。老天爺都不能夠持久，更何況人呢！所以，跟從和侍奉於道的人（即修道的人），就和道相同；跟從和侍奉於德的人（即積德的人），就和德相同；跟從和侍奉於喪失的人（即既不修道、也不積德的人），就和失喪相同。積德的人，道也也跟他在一起；既不修道、也不積德的人，道自然遠離他而去。

《老子》第二十四章原文：企者不立，跨者不行。自是者不彰，自見者不明，自伐者無功，自矜者不長。其在道也，曰：餘食贅形。物或惡之，故有道者不處也。

一笑今譯：踮起腳尖的人，不能（久）站；跨著大步子的人，不能走（遠）路。自以爲是的人，沒有人認同他；自我表現的人，不能明辨是非；自我誇耀的人，沒有人會記住他的功勞；自高自大的人，長久不了。如果用道來衡量的話，這些叫做：剩飯廢物。連沒有生命的東西都可能厭惡它們，所以，有道的人是不會跟它們有關係的。

企者不立跨者不行自是者不彰自見者不明自伐者無功自矜者不長其在道也曰餘食贅形物或惡之故有道者不處也

第二十四章

第二十五章

有物混成先天地生寂兮寥兮獨立而不
垓周行而不殆可以爲天下母吾不知其
名字之曰道强爲之名曰大大曰逝逝曰
遠遠曰返故道大天大地大人亦大域中
有四大而人居其一焉人法地地法天天
法道道法自然

《老子》第二十五章原文：有物混成，先天地生。寂兮寥兮，獨立而不垓，周行而不殆，可以爲天地母。吾不知其名，字之曰道，強爲之名曰大。大曰逝，逝曰遠，遠曰反。故道大，天大，地大，人亦大。域中有四大，而人居其一焉。人法地，地法天，天法道，道法自然。

一笑今譯：有一種混混沌沌的物質，在宇宙誕生之前就已經存在。它寂靜空虛，不依賴任何事物而獨立存在，而且沒有邊界；它周而復始，運行不止，沒有任何東西能阻擋它；可以認爲這就是宇宙之母。我不知道它的名字，用一個「道」字來稱呼它，勉強爲它起個名字叫做「大」。所謂「大」，就是離去，離去就是遙遠，遙遠就是返回。所以，道是「大」的（有「大」的特性），天是「大」的，地是「大」的，人也是「大」的。宇宙中有四樣「大」，人

是其中之一。人根據地球去行事（即人類活動受到地球引力的約束），地球根據天（即太陽係，推廣爲宇宙）去行事（即地球只能在自己的天體軌道上運行），天根據道去行事（即宇宙的運動受到能量的約束），道根據自然的原則去行事（即能量的運動規律是自然—能量守恒）。

《老子》第二十六章原文：重爲輕根，靜爲躁君。是以君子終日行不離其輜重，雖有環官，燕處昭若。奈何萬乘之王，而以身輕於天下。輕則失本，躁則失君。

一笑今譯：重是輕的根基（有重纔有輕），平靜是急躁的君主（平靜能管住急躁）。所以，君子整天在外旅行，都要帶著鋪蓋書籍等很重的行李，雖然看上去臃臃腫腫、礙手礙腳，但他卻顯得非常輕松自如。而不知爲何，有的萬乘大國的君主，卻爲了自己的輕便，沒完沒了地奴役和壓迫天下人。自輕就會喪失（國家的）根基，急躁就會喪失（平靜，就是喪失）君主（即殺身亡國）。

重為輕根靜為躁君是以君子終日行不
離其輜重雖有環官燕處昭若奈何萬乘
之王而以身輕於天下輕則失本躁則失
君

第二十六章

第二十七章

善行無轍迹善言無瑕謫善數不用籌策善閉無關楗而不可開善結無繩約而不解是以聖人恒善救人而無棄人物無棄財是謂曳明故善人者不善人之師不善人者善人之資不貴其師不愛其資雖智大迷是謂要妙

《老子》第二十七章原文：善行無轍跡，善言無瑕謫，善數不用籌策，善閉無關楗而不可開，善結無繩約而不可解。是以聖人恒善救人，而無棄人，物無棄財。是謂曳明。故善人者，不善人之師；不善人者，善人之資。不貴其師，不愛其資，雖智大迷，是謂要妙。

一笑今譯：好的走路方法，不留蹤跡；好的說話方法，沒有漏洞；好的計算方法，不用工具；好的關門方法，不用門插，但也沒人能打得開；好的捆綁方法，不用繩索，但也沒人能解得開。因此，聖人常常善於保護人民，所以沒有人被拋棄（人盡其才），也沒有被浪費的錢物（物盡其用）。這就是聖人們過人的智慧。所以，會待人的人，不會去做別人的老師（，

所以不受苛求）；不會待人的人，卻喜歡別人的錢財（，所以落人把柄）。不看重做別人老師（的資格），不貪圖別人的錢財，即使自己聰明也要裝作很糊塗的樣子，這（三點）是（爲人處事）至關重要的奧妙所在。【註】

【註】：「故善人者，不善人之師；不善人者，善人之資」一句，帛書本作：「故善人者，善人之師；不善人者，善人之資。」其意不如今本，故不從。諸本皆將此句及後句：「不貴其師，不愛其資，雖智大迷，是謂要妙」譯作：

「所以，善人是（不）善人的老師，善人是不善人存在的條件。不尊重老師，不愛惜條件的作用，就是最聰明的人也會迷惑，這就叫做玄妙的道。」

本書著者認爲，這樣的今譯讓人迷惑，更遑論「要妙」。第五十六章中有「知者不言，言者不知」一句，正好是老子「不貴其師，雖智大迷」（不爲人師，聰明裝糊塗）的佐證。此外，在《史記 老子韓非列傳第三》中，有如下文字：

孔子適周，將問禮於老子。老子曰：「子所言者，其人與骨皆已朽矣，獨其言在耳。且君子得其時則駕，不得其時則蓬累而行。吾聞之：良賈深藏若虛，君子盛德，容貌若愚。去子之驕氣與多欲，態色與淫誌，是皆無益於子之身。我所以告子，若是而已。」這段文字大意是：

孔子到周朝拜見老子時，詢問關於禮的事。老子說：「你剛纔說的那些人，他們人已經死了，連骨頭都腐朽了，但他們的著述還在流傳。況且對君子來說，有好的時代就做官，沒有好的時代就遊歷。人們常說，精明的商人深藏不露，德性高的人外表像傻瓜。（所以我勸你：）不要自視太高、欲望太多；不要整天注意自己的儀態、繃著臉（去教訓別人）；不要沈湎於你那些所謂的理想。因爲這些都對你沒有好處。我所能告訴你的，無非就是這些而已。」

此時的孔子，已經聚徒講學。所以，老子勸孔子：不可貪圖富貴，不可好爲人師。這是老子的一貫思想。由此可見，老子不會勸人「尊重老師」，更不會說出「只有尊重老師，纔會不迷惑」這樣的話。

第二十八章

知其雄守其雌為天下谿為天下谿常德不離常德不離復歸於嬰兒知其榮守其辱為天下谷為天下谷常德乃足復歸於樸知其白守其黑為天下式為天下式常德不忒復歸於無極樸散則為器聖人用之則為官長夫大制無割

《老子》第二十八章原文： 知其雄，守其雌，爲天下溪。爲天下溪，常（恒）德不離。常（恒）德不離，復歸於嬰兒。知其榮，守其辱，爲天下谷。爲天下谷，常（恒）德乃足，復歸於樸。知其白，守其黑，爲天下式。爲天下式，常（恒）德不忒，復歸於無極。樸散則爲器，聖人用之，則爲官長。夫大制無割。

一笑今譯：（聖人）知道（萬物勃發的）雄性，（並能）守衛著（宇宙之母的）雌性，便可成爲天下（能容納）的溪流。成爲天下的溪流之後，他便具備了普遍德性。他具備了普遍德性之後，就能回歸到嬰兒般的混沌境界。（本段中心：雌雄不可分割。）（聖人）知道（什麼是）榮耀，（並能）守衛著（不爲人理解而）受羞辱的心境，便可以成爲天下（能容納）的山谷。成爲天下的山谷，他的普遍德性便日益高深，就能回歸到純真的本性。（本段中心：榮辱不可分割。）（聖人）知道（什麼是）潔白之美，（並能）守衛著作爲烏黑（的醜陋感覺），便可以成爲天下的楷模。成爲天下的楷模，他的普遍德性就不再有所損耗，就能達到無窮無盡的境界。（本段中心：黑白不可分割。）（一般人都會把）木材鋸開，做成（許多小）器件；而聖人則會用它來做棺材的長板。所以說，宏大的制作是不分割事物的。

第二十九章

將欲取天下而為之吾見其不得已夫天
下神器不可為也為者敗之執者失之是
以聖人無為故無敗無執故無失故物或
行或隨或呴或吹或強或羸或載或隳是
以聖人去甚去泰去奢

《老子》第二十九章原文：將欲取天下而爲之，吾見其不得已。夫天下神器，不可爲也。爲者敗之，執者失之。是以聖人無爲故無敗，無執故無失。故物或行或隨，或呴或吹，或強或羸，或載或隳。是以聖人去甚，去泰，去奢。

一笑今譯：要想強奪天下據爲己有，我看是沒完沒了的事。天下是神的器具，不是人力所能奪取的。想奪取的人必定要失敗，得到的人也必定要喪失。因此，聖人不去強奪，所以不會失敗；不去擁有，所以不會喪失。宇宙間的事物，有獨立而行的，就有跟隨其後的；有慢的，就有快的；有強的，就有弱的；有載舟的，就有覆舟的。因此，聖人拋棄過分，拋棄傲慢，拋棄奢侈。

《老子》第三十章原文：以道佐人主者，不以兵強於天下。其事好遠。師之所處，荊棘生焉。大軍之後，必有兇年。善者果而已，不以取強。果而毋驕，果而勿矜，果而勿伐。果而毋得，已居，是謂果而不強。物壯則老，謂之不道。不道早已。

一笑今譯：用道來輔佐國君的人，不會主張以軍事手段來強霸天下。軍事總喜歡遠征。軍隊調動起來，就會帶來許多艱難險阻；大規模軍事行動之後，必定會有災難降臨。（如果不得已采取軍事行動，）最好是達到目的就罷手，而不要（用軍事手段來）逞強。達到目的也不要驕橫，達到目的也不要自大，達到目的也不要自誇。（即使軍事行動）沒有達到目的，也要罷手，這就是說，達到軍事目的（這件事）是不能勉強的。事物強壯以後就會變老，這（強壯）是不符合道的。不符合道的事物，會很快滅亡。

以道佐人主者不以兵強於天下其事好
遠師之所處荊棘生焉大軍之後必有凶
年善者果而已不以取強果而勿驕果而
勿矜果而勿伐果而勿得已居是謂果而
不強物壯則老謂之不道不道早已

第三十章

第三十一章

夫兵者不祥之器物或惡之故有道者不
處君子居則貴左用兵則貴右故兵者非
君子之器不祥之器也不得已而用之恬
淡為上勿美也若美之是樂殺人夫樂殺
人者則不可得志於天下矣吉事尚左凶
事尚右是以偏將軍居左上將軍居右言
以喪禮處之殺人之衆以悲哀泣之戰勝
以喪禮處之

《老子》第三十一章原文：夫兵者，不祥之器，物或惡之，故有道者不處。君子居則貴左，用兵則貴右。故兵者非君子之器，不祥之器也；不得已而用之，恬淡爲上。勿美也，若美之，是樂殺人。夫樂殺人者，則不可得志於天下矣。吉事尚左，兇事尚右。是以偏將軍居左，上將軍居右：言，以喪禮處之；殺人之眾，以悲哀泣之；戰勝，以喪禮處之。

一笑今譯：用兵這件事，不是好事，連沒有生命的事物都可能討厭它，所以，有道的人是不會去做的。君子選擇住所看重左邊，用兵則是看重右邊。所以，用兵不是君子所做的事，更不是好事；即使沒有別的辦法、不得不用兵，最好也要保持平靜的心態，適可而止。（戰爭）不是什麽美事，如果認爲這是美事的人，肯定是喜歡殺人的人。喜歡殺人的人，就不可能在天下實現他的誌向。好事情喜歡左邊，壞事情喜歡右邊。所以，（國王召集將軍們議事時，）低級軍官坐在左邊，高級軍官坐在右邊，（這件事本身就不吉祥：）關於戰爭的議論，要像辦理喪事那樣莊重（纔行）；（打仗不管勝負總要）殺死很多人，（對打仗這件事）要滿懷悲哀地去哭泣（，而不是歡呼雀躍）；打勝仗了，也要像辦理喪事那樣莊重對待。

第三十二章

道恒無名樸雖小而天下弗敢臣侯王若
能守之萬物將自賓天地相合以降甘露
民莫之令而自均始制有名名亦既有夫
亦將知止知止所以不殆譬道之在天下
猶川谷之於江海

《老子》第三十二章原文：道恒無名，樸。雖小，而天下弗敢臣。侯王若能守之，萬物將自賓。天地相合，以降甘露。民莫之令而自均。始制有名。名亦既有，夫亦將知止。知止所以不殆。譬道之在天下，猶川谷之於江海。

一笑今譯：道，常常沒有名字，而且質樸無華。雖然它很微小，天下卻沒有人能把它據爲己有。一國之君如果能按道的規律辦事，天下萬物就會自動歸順。天地相互配合，降下細雨甘霖。沒有人給老百姓下命令，（他們得到的雨水）卻是天然均勻的。建立人類社會制度之後，各人就有了各人的名分（即：社會地位、權利與義務）。名分已經有了，百姓就該依此行事，不要超出範圍。這樣，就不會有危險。打個比方，道在天下（起到的作用，就是使天下人歸順有道者），如同小溪匯入江河、江河流入大海一樣。

《老子》第三十三章原文：知人者智，自知者明。勝人者有力，自勝者強。知足者富。強行者有志。不失其所者久。死而不亡者壽。

一笑今譯：了解別人的人，算是聰明；能認識自己的人，纔算明智。戰勝別人的人，算是有力量；能戰勝自己的人，纔算是強大。知足的人富有。不顧一切去做事的人有誌氣。不喪失住所的人能夠長久。而雖然肉體死了、精神還在的人，能夠永生。

知人者智自知者明勝人者有力自勝者
強知足者富強行者有志不失其所者久
死而不亡者壽

第三十三章

第三十四章

大道汎兮其可左右萬物恃之以生而不辭成功遂事而弗名有衣養萬物而不爲主則恒無欲也可名於小萬物歸焉而不爲主可名於大是以聖人終不自爲大故能成其大

《老子》第三十四章原文： 大道泛兮，其可左右。萬物恃之以生而不辭，成功遂事而弗名有。衣養萬物而不爲主，則恒無欲也，可名於小；萬物歸焉而不爲主，可名於大。是以聖人終不自爲大，故能成其大。

一笑今譯： 宏大的「道」（即宇宙的總能量）取之不盡、無所不在，不避兇趨吉、不在乎左右。宇宙萬物都要依賴它纔能生存，它從不推辭；大功告成，也不意味著它就從虛無變成實有。它庇護養育萬物卻不做主人，這是因爲它常常沒有什麼欲望，這就可以稱作「小」（謙虛，不占據空間）；萬物都歸順它，它也不做主人，這可稱爲「大」（大度，威力無比）。因此，聖人不自以爲了不起，因而他很偉大。

《老子》第三十五章原文：執大象，天下往。往而不害，安平泰。樂與餌，過客止。道之出，口淡乎其無味，視之不足見，聽之不足聞，用之不足既。

一笑今譯：（道）以一種宏大的形象，到天下去。它到天下去（，不僅）不危害（天下人），（反而保佑天下人）平安康泰。動聽的音樂和美味佳肴，能使往來過客停留。而道出現的時候，（人們會覺得）口淡得毫無味道，看它也看不見，聽它也聽不到，但它的用途卻無窮無盡。

執大象天下往往而不害安平泰樂與餌
過客止道之出口淡乎其無味視之不足
見聽之不足聞用之不足既

第三十五章

第三十六章

將欲歙之必固張之將欲弱之必固强之將欲癈之必固興之將欲奪之必固與之是謂微明柔弱勝剛强魚不可脫於淵國之利器不可以示人

《老子》第三十六章原文：將欲歙之，必固張之。將欲弱之，必固強之。將欲廢之，必固興之。將欲奪（取）之，必固與之。是謂微明，柔弱勝剛強。魚不可脫於淵，國之利器不可以示人。

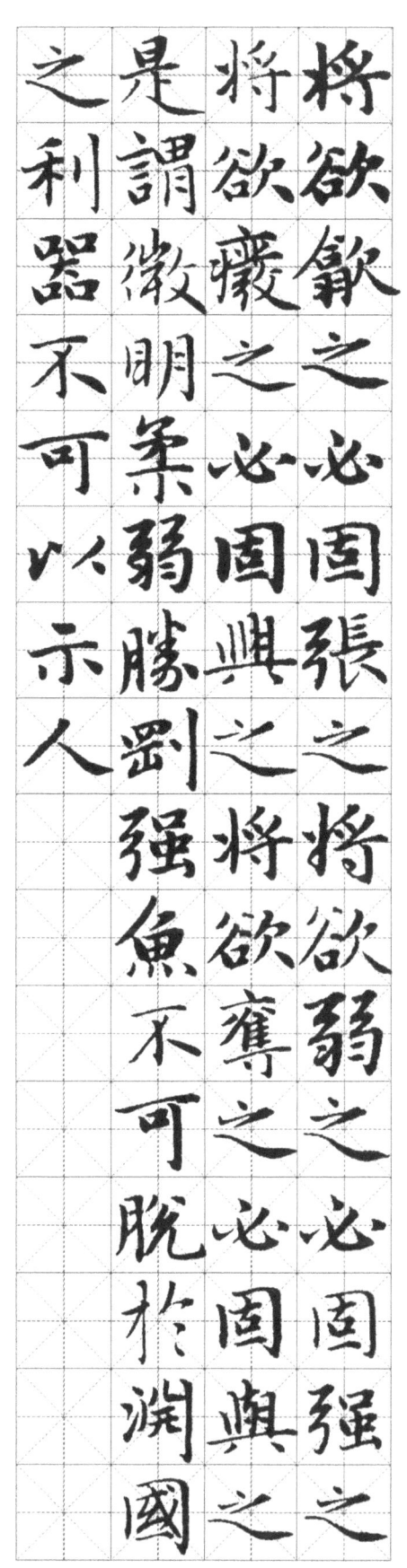

一笑今譯：要想收攏它，一定先要故意打開它。要想削弱它，一定先要故意增強它。要想使它衰敗，一定先要故意讓它興旺。要想剝奪它，一定先要故意給與它。這就叫做微妙的智慧，就是柔弱勝過剛強（的策略）。魚不能離開深水，國家的制勝法寶不能展示給別人看。

《老子》第三十七章原文：道恒無爲而無不爲。侯王若能守之，萬物將自化。化而欲作，吾將鎮之以無名之樸。鎮之以無名之樸，夫將不欲。不欲以靜，天下將自正。

一笑今譯：道（即能量），通常什麼也不做，卻沒有什麼做不到的。如果一國之君能守道（爲百姓提供糧食能源），百姓就自己變得文明開化起來。百姓開化後，就會產生各種欲望，我（如果是統治者的話，）就用無名的、質樸無華的觀念（即道）來教育他們。這樣，百姓就不會有什麼欲望了。欲望沒了，就能平靜下來，天下自然秩序井然。

道恒無爲而無不爲侯王若能守之萬物
将自化化而欲作吾将鎮之以無名之樸
鎮之以無名之樸夫将不欲不欲以静天
下将自正

第三十七章

第三十八章

上德不德是以有德下德不失德是以無德上德無為而無以為下德無為而有以為上仁為之而無以為上義為之而有以為上禮為之而莫之應則攘臂而扔之故失道而後德失德而後仁失仁而後義失義而後禮夫禮者忠信之薄而亂之首前識者道之華而愚之始是以大丈夫處其厚不居其薄處其實不居其華故去彼取此

《老子》第三十八章原文：上德不德，是以有德；下德不失德，是以無德。上德無爲而無以爲；下德無爲而有以爲。上仁爲之而無以爲；上義爲之而有以爲。上禮爲之而莫之應，則攘臂而扔之。故失道而後德，失德而後仁，失仁而後義，失義而後禮。夫禮者，忠信之薄而亂之首。前識者，道之華而愚之始。是以大丈夫處其厚，不居其薄；處其實，不居其華。故去彼取此。

一笑今譯：德性很高（的人，由於他非常接近於道，雖然看起來）就像沒有德性一樣，（但卻）因此很有德性；德性不高（的人，由於他離道很遠，即使看起來）很有德性，（也）因此沒有德性。德性很高（的人）不做事，而（他確實也）沒有什麼可做的；德性不高（的人）也不做事，但（他該做的）事還很多。很仁慈（的人）在做事，而（他其實）沒有什麼好做的；很講正義和義氣（的人）在做事，而（他該做的）事確實還有很多。很講禮法（的人）想做事，卻沒有人理他，（他便不顧禮法，）挽起袖子強迫別人服從他。所以，（統治者）喪失了道（自然規律）之後，便撿起德來；喪失了德（道德規範）之後，便撿起仁來；喪失了仁（福利制度）之後，便撿起義來；喪失了義（正義）之後，便撿起禮（禮法）來。而禮法這個東西，是「忠信」（誠實與守信）的最後一道淺薄的遮羞布，更是禍亂的導火索。（如果連禮也喪失了，而成天沈湎於占蔔等）對未來的預測，這則是道的華而不實的皮毛，是走向愚蠢的開端。因此，大丈夫要選擇厚道的東西，而不要選擇淺薄的東西；要選擇樸實的東西，而不要選擇虛華的東西。總之要取舍得當。

第三十九章

昔之得一者天得一以清地得一以寧神
得一以靈谷得一以盈萬物得一以生侯
王得一以為天下正其致之也謂天無以
清將恐裂地無以寧將恐廢神無以靈將
恐歇谷無以盈將恐竭萬物無以生將恐
滅侯王無以為正將恐蹶故貴以賤為本
高必以下為基是以侯王自稱孤寡不穀
此非以賤為本耶非乎故致譽無譽是故
不欲琭琭如玉珞珞如石

《老子》第三十九章原文：昔之得一者：天得一以清，地得一以寧，神得一以靈，谷得一以盈，萬物得一以生，侯王得一以爲天下正，其致之也。謂：天無以清將恐裂，地無以寧將恐廢，神無以靈將恐歇，谷無以盈將恐竭，萬物無以生將恐滅，侯王無以正將恐蹶。故貴以賤爲本，高必以下爲基。是以侯王自稱孤、寡、不穀。此非以賤爲本耶？非乎？故致譽無譽，是故不欲。琭琭如玉，珞珞如石。

一笑今譯：遠古的時候，能達到純一的，如：天達到純一就清新，地達到純一就安寧，神達到純一就靈驗，河谷達到純一就有流水，萬物達到純一就得以生存，王侯達到純一可以作天下的正統楷模，這些都是最高的境界。所以說：天不清新恐怕會開裂，地不安寧恐怕會成廢墟，神不靈驗恐怕會沒人拜，河谷沒有水恐怕會幹涸，萬物不能生存恐怕會滅絕，王侯不正統恐怕會被推翻。所以，貴把賤當作根本，高把低當作基礎。因此，君王自稱「孤家」（孤獨的人）、「寡人」（沒人理的人）、「不穀」（不長五穀的貧瘠之地，喻不受歡迎的人）。這不正是以賤爲根本的例證嗎？不是嗎？所以，最高的榮譽就是沒有榮譽，因而這樣的人就沒有欲望。（沒有欲望的人就像）璐璐美玉，或像珞珞玉石（一樣受人喜愛）。

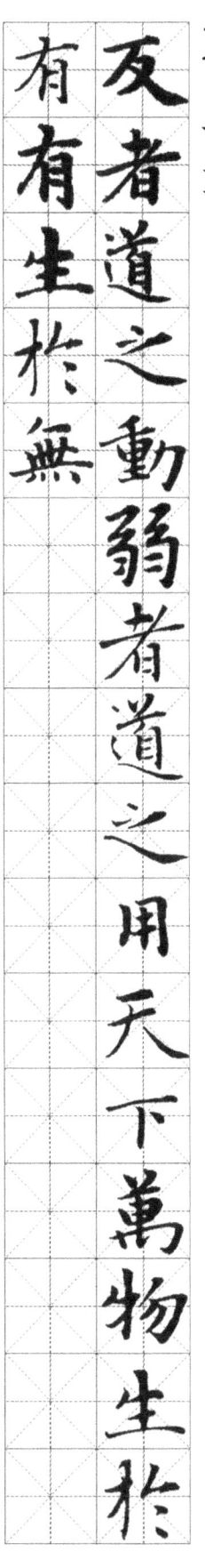

第四十章

反者道之動弱者道之用天下萬物生於有有生於無

《老子》第四十章原文：反者，道之動；弱者，道之用。天下萬物生於有，有生於無。

一笑今譯：循環往復，是道的運動規律。柔弱，是道的用途所在。天下萬物都由「實有」（有靜止質量的原子）構成，而「實有」又產生於「虛無」（純能量）。

《老子》第四十一章原文：上士聞道，勤而行之；中士聞道，若存若亡；下士聞道，大笑之，不笑不足以爲道。故建言有之：明道若昧，進道若退，夷道若纇；上德若谷，廣德若不足，建德若偷；質真若渝；大白若辱；大方無隅；大器晚成；大音希聲；大象無形。道隱，無名。夫唯道，善貸且成。

一笑今譯：品行才能都上等的人（上士）聽了道之後，就努力去實行；品行才能都中等的人（中士）聽了道之後，道對他的影響似有似無。品行才能都下等的人（下士）聽了道之

後，便放聲大笑，他要是不笑的話，道就不成其爲道了。因此，我對世人有話要說：明白之道類似於糊塗，前進之道類似於後退，平坦之道類似於崎嶇；高尚的德性（上德）好像河谷（那樣低矮），寬廣的德性（廣德）好像（空間）不夠一樣；有利於他人的德性（建德）好像偷別人的東西一樣；本質真實好像變化不定一樣（不真實）；非常青白的卻像沈冤受辱一樣；寬闊的地方沒有一個角落；棟梁之材要很晚纔能育成；宏大的聲音就是沒有什麼聲音；巨大的形象就是沒有什麼形象。道，隱蔽，沒有名字。而只有道，善於給與，因而也善於成功。

第四十一章

上士聞道勤而行之中士聞道若存若亡下士聞道大咲之不笑不足以爲道故言有之明道若昧進道若退夷道若類上德若谷廣德若不足建德若偷大白若辱大方無隅大器晚成大音希聲大象無形道隱無名夫惟道善貸且成

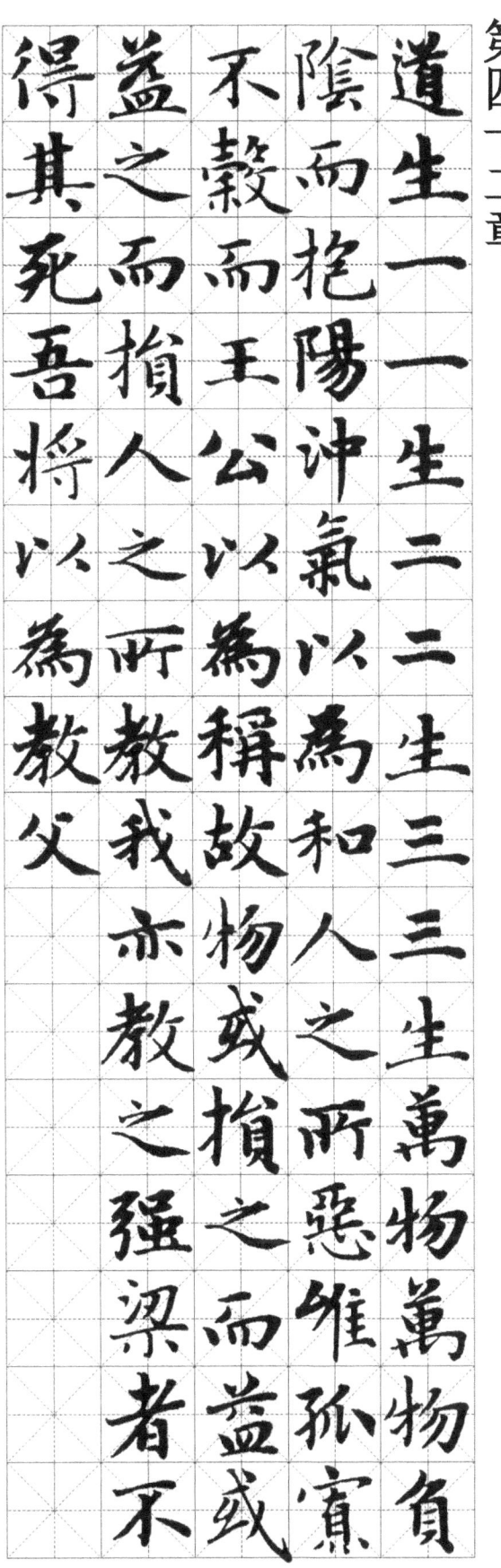

第四十二章

道生一一生二二生三三生萬物萬物負
陰而抱陽沖氣以爲和人之所惡唯孤寡
不穀而王公以爲稱故物或損之而益或
益之而損人之所教我亦教之强梁者不
得其死吾將以爲教父

《老子》第四十二章原文： 道生一，一生二，二生三，三生萬物。萬物負陰而抱陽，沖氣以爲和。人之所惡，唯孤、寡、不穀，而王公以爲稱。故物或損之而益，或益之而損。人之所教，我亦教之：強梁者不得其死。吾將以爲教父。

一笑今譯： 宇宙之母——道，生成渾圓如一的早期宇宙；隨後，生成了以氫和氦兩種原子核爲主導的宇宙；接著，生成星係、恒星、和行星這三種宇宙物質結構，最後，在行星中產生了生命萬物。萬物都背靠著陰、面向著陽（都有極性）；陰陽之氣相互對沖交流（兩極相

互吸引、相互制約），以保持和諧與平衡。人們所厭惡的，是成爲孤獨的人、沒人理睬的人和不受歡迎的人，（這些都是「陰」的一面；而地位至高的）君王卻把這些作爲自稱（，以保持和諧）。所以，事物不是先損害他、再增加他，就是先增加他、再損害他（以保持平衡）。別人這麼說教，我也這麼說教：橫行霸道的人不得好死（，因爲他不懂得陰陽協調）。我把橫行霸道的人作爲教訓之父。

《老子》第四十三章原文： 天下之至柔，馳騁天下之至堅。無有入無間。吾是以知無爲之有益。不言之教，無爲之益，天下希及之。

一笑今譯： 天下最柔軟的東西，能夠駕馭天下最堅硬的東西。沒有實形的物質（即能量），可以穿透沒有間隙的物質。由此，我知道無所作爲的益處。無言之中的教導，無所作爲的益處，天下很少有人能知到、能做到。

天下之至柔馳騁天下之至堅無有入無
間吾是以知無爲之有益不言之教無爲
之益天下希及之

第四十三章

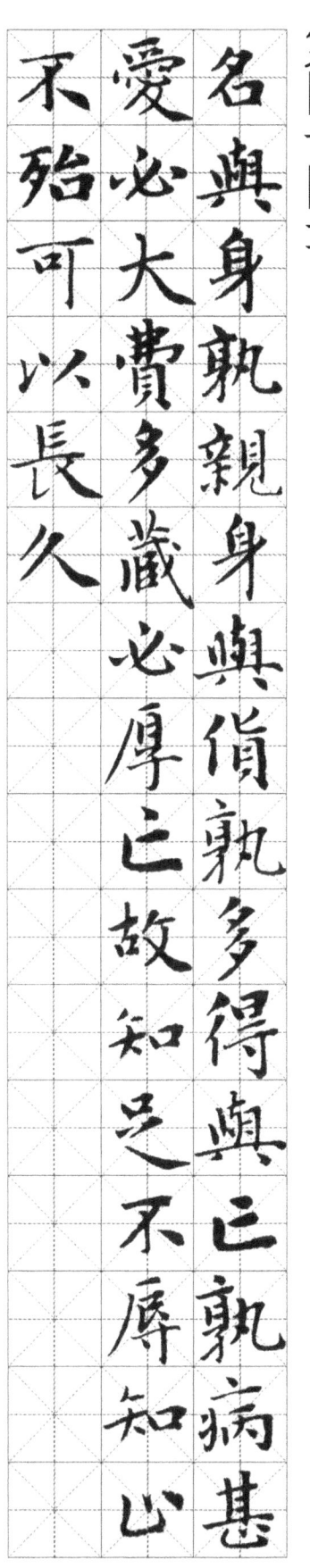

第四十四章

名與身孰親身與貨孰多得與亡孰病甚愛必大費多藏必厚亡故知足不辱知止不殆可以長久

《老子》第四十四章原文：名與身孰親？身與貨孰多？得與亡孰病？甚愛必大費，多藏必厚亡。故知足不辱，知止不殆，可以長久。

一笑今譯：榮譽與身體比，哪一樣更重要？身體與錢財比，哪一樣更多？得到與失去比，哪一樣更不利？太過愛惜，必然要破大費；囤積得越多，就必然失去得更多。所以，知道滿足的不會受辱，懂得適可而止的不會有危險，（事業、生命都）可以長盛不衰。

《老子》第四十五章原文：大成若缺，其用不弊。大盈若沖，其用不窮。大直若屈，大巧若拙，大辯若訥。躁勝寒，靜勝熱。清靜，爲天下正。

一笑今譯：大的成就，就好像有缺陷似的，但它發揮起作用來卻很完美。非常盈滿的，就好像空的似的，但它使用起來卻無窮無盡。腰板挺得最直的，就好像卑躬屈膝似的；非常靈巧的，就好像很笨拙似的；非常善辨的，就好像木訥似的。躁動能夠戰勝寒冷，寧靜能夠戰勝炎熱。清寧、平靜，是天下人的正途。

大成若缺其用不敝大盈若沖其用不窮
大直若屈大巧若拙大辯若訥躁勝寒靜
勝熱清靜為天下正

第四十五章

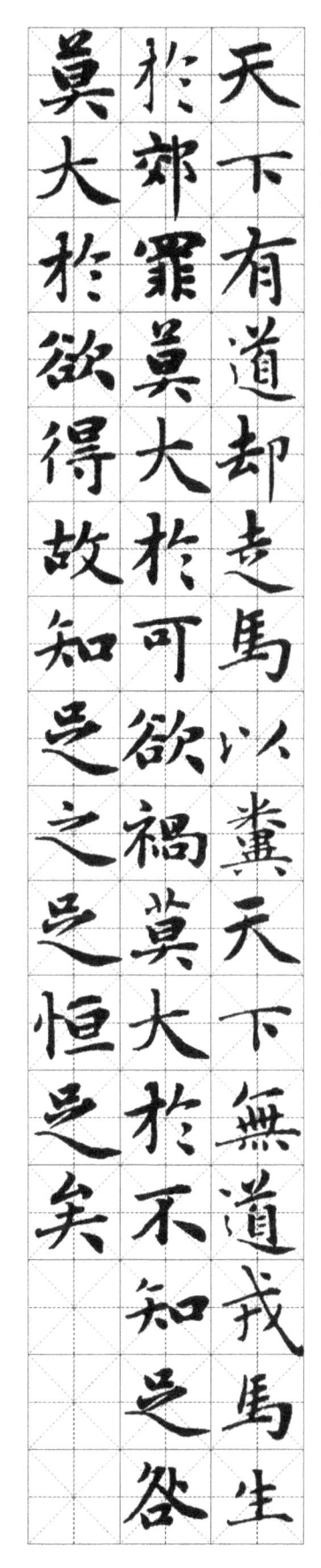

第四十六章

天下有道却走馬以糞天下無道戎馬生於郊罪莫大於可欲禍莫大於不知足咎莫大於欲得故知足之足恒足矣

《老子》第四十六章原文：天下有道，卻走馬以糞；天下無道，戎馬生於郊。罪莫大於可欲，禍莫大於不知足，咎莫大於欲得。故知足之足，恒足矣。

一笑今譯：天下按照「道」的規律行事，馬卻邊走邊拉屎（，這是和平的征兆）；而天下不按照「道」的規律行事，則荒郊野外都有戰馬出生（，這是災禍與戰爭的征兆）。沒有比「縱欲」更大的罪孽，沒有比「不知足」更大的禍害，沒有比「想奪取」更大的過失。（這些都是無道的表現。）所以，知足的人所得到的滿足，是最爲持久的滿足。（這是有道的表現。）

《老子》第四十七章原文：不出戶，知天下；不窺牖，知天道。其出彌遠，其知彌少。是以聖人不行而知，不見而明，不爲而成。

一笑今譯：（掌握科學知識和正確分析方法的人，）不出門，也能知道天下大事（的發展趨勢）；不看窗外，也能知道天體的運行規律。（而那些不知思考和分析的人，）出門走得越遠，就知道得越少。所以，聖人不用遊歷就知道（天下大事），不用觀察就能明白（真相），不用做爲就能成功（事業）。

不出戶知天下不窺牖知天道其出彌遠
其知彌少是以聖人不行而知不見而明
不爲而成

第四十七章

第四十八章

爲學日益爲道日損損之又損以至於無爲無爲而無不爲取天下恒以無事及其有事不足以取天下

《老子》第四十八章原文： 爲學者日益。爲道者日損，損之又損，以至於無爲。無爲而無不爲。取天下恒以無事。及其有事，不足以取天下。

一笑今譯： 做學問的人，他的學問一天比一天多。修道的人，他要做的事一天比一天少，少來少去，到最後他什麼也不做。他什麼都不做，也就是什麼都能做成功了。（統治者要）贏得天下（人的信任），通常靠的是（天下）平安無事。如果大事小事不斷，那他就不能贏得天下（人的信任）。

《老子》第四十九章原文：聖人恒無心，以百姓之心爲心。善者，吾善之；不善者，吾亦善之；德善也。信者，吾信之；不信者，吾亦信之；德信也。聖人之在天下，歙歙焉，爲天下渾其心。百姓皆注其耳目，聖人皆孩之。

一笑今譯：聖人常常沒有私心想法，（他）以百姓的想法爲想法。良善的人，我善待他；不良善的人，我也善待他；因爲德性本身就是善良的（，因此，我做不出不善良的事來）。守信的人，我對他守信；不守信的人，我也對他守信；因爲德性本身就是講信用的（，因此，我做不出不講信用的事來）。聖人來到天下，一副謙虛謹慎的樣子，全心全意爲百姓著想。（但是）百姓（仍然）豎起耳朵、睜大眼睛（，注意聖人的一舉一動），聖人（沒有怪罪他們，而是）像對待小孩那樣對待他們。

聖人恒無心以百姓心爲心善者吾善之
不善者吾亦善之德善也信者吾信之不
信者吾亦信之德信也聖人之在天下歙
歙焉爲天下渾其心百姓皆注其耳目聖
人皆孩之

第四十九章

第五十章

出生入死生之徒十有三死之徒十有三
而民生生動皆之死地亦十有三夫何故
以其生生之厚也蓋聞善攝生者陸行不
遇兕虎入軍不被甲兵兕無所投其角虎
無所措其爪兵無所容其刃夫何故以其
無死地也

《老子》第五十章原文：出生入死，生之徒十有三，死之徒十有三，而民生生、動皆之死地，亦十有三。夫何故？以其生生之厚也。蓋聞善攝生者，陸行不遇兕虎，入軍不被甲兵。兕無所投其角，虎無所措其爪，兵無所容其刃。夫何故？以其無死地也。

一笑今譯：（兩軍對壘，經過一場）生死拼殺，（結果一定是：）活著的人有三分之一，死去的人有三分之一，雖然還活著、但卻在死亡線上掙紮的，也有三分之一。爲什麽會有這樣的結果呢？這是因爲人人都愛惜自己的生命（，都不願被人殺死，結果一定是兩敗俱傷）。所以，我聽說善於保護自己生命的人，在陸地上行走時遇不上犀牛猛虎，沖入敵陣也碰不著敵人；（以至於）犀牛（想傷害他，也）不知往哪裏紮它的角，猛虎（想傷害他，也）不知往哪

裏撲它的爪子，敵人（想傷害他，也）找不著地方下刀。爲什麼會這樣呢？因爲（他不怕死，因而）對他來說，世界上也就沒有死亡之地。

《老子》第五十一章原文： 道生之，德畜之，物形之，勢成之，是以萬物莫不尊道而貴德。道之尊，德之貴，夫莫之命而恒自然。故道生之，德畜之，長之育之，成之熟之，養之覆之。生而不有，爲而不恃，長而不宰，是謂玄德。

一笑今譯： 萬物由「道」所生，由「德」哺育，形成了各自的外形，自然趨勢又使得各物種得以繁衍。所以，萬物沒有不尊敬「道」、不重視「德」的。「道」被尊敬，「德」被重視，沒有人命令萬物這麼做，這只不過是平常自然的事情而已。所以，「道」生出萬物，「德」哺育萬物，使它們成長發育，使它們長大成熟，養育並保護它們（，這些都是自然而然的事情）。生育並不是爲了擁有，做事並不是爲了逞能，養殖並不是爲了宰殺，這就是高深的德性。

道生之德畜之物形之勢成之是以萬物
莫不尊道而貴德道之尊德之貴夫莫之
命而恒自然故道生之德畜之長之育之
成之熟之養之覆之生而不有爲而不恃
長而不宰是謂玄德

第五十一章

第五十二章

天下有始以爲天下母既得其母以知其子既知其子復守其母沒身不殆塞其兑閉其門終身不堇開其兑濟其事終身不救見小曰明守柔曰強用其光復歸其明無遺身殃是謂襲常

《老子》第五十二章原文：天下有始，以爲天下母。既得其母，以知其子。既知其子，復守其母，沒身不殆。塞其兑，閉其門，終身不堇。開其兑，濟其事，終身不救。見小曰明，守柔曰強；用其光，復歸其明，無遺身殃。是爲襲常。

一笑今譯：宇宙創始之後，宇宙（之中的萬物）就有了母親。了解宇宙的母親之後，就可以知道（作爲）孩子子（的宇宙及萬物的發展規律）。知道了孩子（的發展規律）之後，再返回去守護著宇宙的母親，（這樣做，即使）身體死亡了，也不會有什麼危險。（含義爲：找到了事物發展的原因，就可以知道事物發展的結果；再從事物的結果出發，進一步推究事物的起因。這樣去研究事物，一定不會錯！）（如此反復，並）堵住對外的通路，關上門戶，（不受外界的幹擾，人的事業）一輩子都不會枯竭。（參見第五十六章。）（相反，如果）打開對外的通路，事事都去辦，那一輩子都沒救了。能看得見細小東西的纔叫做明察，能堅守柔弱的纔叫做剛強。應用智慧，保持明智，不會給自己留下什麼禍患，這就是普遍的道理。

【上接六十六】如果（一個人的）修行注重於提高天下人，那麼他的德性就達到了寬廣無邊的境界。所以，要通過一個人（的行爲）來觀察他（的修養），通過一家（人的行爲）來觀察這個家庭（的品行），通過一鄉（人的行爲）來觀察這個鄉（的風氣）；通過一國（人的行爲）來觀察這個國家（的國勢），通過天下（人的行爲）來觀察天下（的興衰）。我是怎麼知道天下大勢的呢？就是通過這個辦法。

《老子》第五十三章原文：使我介然有知，行於大道，唯施是畏。大道甚夷，而民好徑。朝甚除，田甚蕪，倉甚虛；服文采，帶利劍，厭飲食，財貨有餘。是爲盜誇。非道也哉！

一笑今譯：如果人們非常明白事理，（一定會）走大路（即「大道」），並且害怕偏離大方向。大路非常平坦，但世人卻喜歡小路。朝廷封了許多無所事事的官員，田裏長滿了雜草，國庫變得非常空虛；而這些官員卻要穿著華美的衣服，佩戴鋒利的寶劍，美味佳肴都吃膩了，家裏的金銀財寶多得沒處藏。這真是些喜歡炫耀的強盜。這是違背「道」的啊！

使我介然有知行於大道唯施是畏大道
甚夷而民好徑朝甚除田甚蕪倉甚虛服
文彩帶利劍厭飲食財貨有餘是謂盜夸
非道也哉

第五十三章

第五十四章

善建者不拔善抱者不脱子孫以祭祀不絶脩之於身其德乃真脩之於家其德乃餘脩之於鄉其德乃長脩之於國其德乃豐脩之於天下其德乃博故以身觀身以家觀家以鄉觀鄉以國觀國以天下觀天下吾何以知天下之然哉以此

《老子》第五十四章原文：善建者不拔，善抱者不脫。子孫以祭祀不絕。修之於身，其德乃真。修之於家，其德乃餘。修之於鄉，其德乃長。修之於國（邦），其德乃豐。修之於天下，其德乃博。故以身觀身，以家觀家，以鄉觀鄉，以國（邦）觀國（邦），以天下觀天下。吾何以知天下之然哉？以此。

一笑今譯：善於建房子的人（建的房子）沒人能拆得掉；善於摟抱的人（，被他抱住就）掙不脫。（善於修道積德的人，）子孫後代對他的祭祀不會中斷。如果（一個人的）修行注重於完善自我，那麼他的德性就會逐漸趨於純真。如果（一個人的）修行注重於提高一家人，那麼他的德性就會有餘。如果（一個人的）修行注重於提高一鄉人，那麼他的德性就會增長。如果（一個人的）修行注重於提高一國人，那麼他的德性就會逐漸變得豐滿。【下接六十五】

《老子》第五十五章原文：含德之厚者，比於赤子：毒蟲不螫，猛獸不據，攫鳥不搏；骨弱筋柔而握固；未知牝牡之會而朘作，精之至也；終日號而不嗄，和之至也。知和曰常，知常曰明。益生曰祥，心使氣曰強。物壯則老，謂之不道，不道早已。

一笑今譯：內心具備深厚德性（的人），就好像初生的嬰兒那樣：毒蟲不蜇他，猛獸不咬他，兇禽不傷他；筋骨柔弱，但拳頭卻握得緊緊的；不知道男女之間的事，小雞雞卻總是挺著，這是他精力（旺盛）的緣故；他整天哭喊不停，聲音卻不會嘶啞，是他（身體和氣流都）柔和的緣故。知道（保持）柔和的，能夠持久；能夠持久的，就是明智。能夠延長生命的，叫做吉祥；能夠通過主觀意誌去影響客觀環境的，叫做強大。（不過，）事物壯大變強之後，就會走向衰老，（所以，壯大）是不符合道的，不符合道的事物，會很快消亡。

含德之厚者比於赤子毒蟲不螫猛獸不
據攫鳥不搏骨弱筋柔而握固未知牝牡
之會而朘作精之至也終日號而不嗄和
之至也知和曰常知常曰明益生曰祥心
使氣曰強物壯則老謂之不道不道早已

第五十五章

第五十六章

知者不言言者不知塞其兌閉其門挫其銳解其紛和其光同其塵是謂玄同故不可得而親不可得而踈不可得而利不可得而害不可得而貴不可得而賤故為天下貴

《老子》第五十六章原文： 知者不言，言者不知。塞其兌，閉其門，挫其銳，解其紛，和其光，同其塵，是謂玄同。故不可得而親，亦不可得而疏；不可得而利，亦不可得而害；不可得而貴，亦不可得而賤。故爲天下貴。

一笑今譯： 明白的人不說，說的人不明白。堵住對外的通路，關上門戶，消除你的銳氣，擺脫俗世的紛爭，使生命之光變得柔和起來，把你的生命等同於沒有生命的塵埃，這就是「玄同」（深奧的等同，即：對「道」的完全理解）。所以，（達到「玄同」境界的人都會明白，「道」是超然的，）它不是你想親近就可以親近的，也不是你想疏遠就可以疏遠的；不是你想有利於它就可以有利於它的，也不是你想損害它就可以損害它的；它不是你想擡高就可以擡高的，也不是你想貶低就可以貶低的。所以，「道」是天下最爲貴重的東西。

第五十七章

《老子》第五十七章原文：以正治國，以奇用兵，以無事取天下。吾何以知其然哉？以此：天下多忌諱，而民彌貧；民多利器，國家滋昏；人多伎巧，奇物滋起；法物滋彰，盜賊多有。故聖人云：我無爲而民自化，我好靜而民自正，我無事而民自富，我無欲而民自樸。

一笑今譯：用正道來治理國家，不要輕易出兵征戰，以平安無事來取得天下人的信任。我怎麼知道應該這樣呢？這是因爲：對天下人限制越多，老百姓就越貧窮；老百姓擁有越多的鋒利器具，國家就越發混亂；人們懂得越多的技巧，希奇古怪的事物就會發生得越多；國家的法令越繁雜，強盜小偷就越多。所以聖人說：我無所作爲，老百姓就自然開化；我喜歡安靜，老百姓就自然走正道；我不沒事找事，老百姓就自然富足；我沒什麼欲望，老百姓就自然純樸。

以正治國以奇用兵以無事取天下吾何
以知其然哉以此天下多忌諱而民弥貧
民多利器國家滋昏人多伎巧奇物滋起
法令滋彰盜賊多有故聖人云我無爲而
民自化我好靜而民自正我無事而民自
富我無欲而民自樸

第五十八章

其政悶悶其民淳淳其政察察其民缺缺是以聖人方而不割廉而不劌直而不肆光而不耀禍兮福之所倚福兮禍之所伏孰知其極其無正也正復爲奇善復爲妖民之迷也其日固久矣

《老子》第五十八章原文：其政悶悶，其民淳淳；其政察察，其民缺缺。是以聖人方而不割，廉而不劌，直而不肆，光而不曜。禍兮，福之所倚；福兮，禍之所伏。孰知其極？其無正也。正復爲奇，善復爲妖。人之迷也，其日固久矣。

一笑今譯：官府辦事不搞花架子，民風就會淳樸；官府事事明察秋毫；老百姓就會耍花招。所以，聖人雖然方正不歪，但從不盛氣淩人；雖然棱角分明，但從不會傷害他人；雖然耿直爽快，但從不任意妄爲；雖然光芒四射，卻不讓人覺得耀眼。禍，可以顯露出福來；福，也可以包藏著禍。誰能知道這裏面到底有多深奧呢？這沒有什麼標準。正道有時卻變成了歪理，好心也會變成惡意。人們對此產生的疑惑，時間已經很久了。

《老子》第五十九章原文：治人事天，莫若嗇。夫惟嗇，是謂早服。早服謂之重積德。重積德則無不克。無不克則莫知其極。莫知其極可以有國。有國之母，可以長久。是謂深根固柢、長生久視之道。

一笑今譯：（統治者忙於）管治人民和祭拜天地，不如厲行節儉。厲行節儉，就好比早起勞作。早起勞作（的人不浪費光陰），就是注重積德。注重積德（的人），就沒有辦不到的事。沒有辦不到的事（的人），就沒有人能知道他到底有多大能耐。沒有人能知道他到底有多大能耐，他就能擁有國家。（如果）他找到了國家的母親（即道），他的國家就能長久存在。這就是根深葉茂、國運長久的道理。

治人事天莫若嗇夫惟嗇是謂早服早服謂之重積德重積德則無不克無不克則莫知其極莫知其極可以有國有國之母可以長久是謂深根固柢長生久視之道

第五十九章

第六十章

治大國若烹小鮮以道蒞天下其鬼不神
非其鬼不神其神不傷人非其神不傷人
聖人亦不傷人夫兩不相傷故德交歸焉

《老子》第六十章原文：治大國若烹小鮮。以道蒞天下，其鬼不神；非其鬼不神，其神不傷人；非其神不傷人，聖人亦不傷人。夫兩不相傷，故德交歸焉。

一笑今譯：治理一個大國，就像煮小魚那樣簡單【註】。（只要）用「道」來治理天下，魑魅魍魎（妖魔鬼怪，不遵守自然規律的人）就不能變成（法力更高的）神仙（即：掌握並善於利用自然規律的人）；非但如此，就連（法力更高的）神仙也不會傷害人；非但如此，聖人（完全掌握並非常善於利用自然規律的人）也不會傷害人。（非但如此，）神仙和聖人也互不相傷，因此，（他們的）德性相互交流融合爲一（，以利於天下）。

【註】：河上公註曰：「烹小魚，不去腸，不去鱗，不敢撓（翻），恐其糜（爛）也。」意思是：「烹調小魚，不能掏出內臟，不能刮掉魚鱗，放在鍋裏煎的時候也不敢翻動，唯恐把它弄爛了。」指烹調小魚要非常小心，不容易做好。但據本書著者理解，老子這裏用「小鮮」一詞，說明他指的烹調方法不是煎、炸之類，而應該是「煮湯」以嘗其鮮味。小魚煮湯，極爲容易：把小魚放入清水中煮沸，夾起魚頭，輕輕一抖，魚肉自然脫落，將剩下的魚頭連同魚骨內臟丟掉，湯中略加鹽油，即可食用，其味鮮美無比。廣東亦有將此魚湯做成鮮魚稀飯的。

《老子》第六十一章原文：大國者，下流也，天下之牝，天下之交也。牝恒以靜勝牡，爲其靜也，故宜爲下也。故大國以下小國，則取小國。小國以下大國，則取大國。故或下以取，或下而取。大國不過欲兼蓄人，小國不過欲入事人。夫皆得其所欲，則大者宜爲下。

一笑今譯：（能成爲）大國的國家，（就像河谷大海一樣能）居於下方，是天下的雌性和母親，是天下人向往和投奔的地方。雌性，通常以安靜來戰勝雄性，因爲她安安靜靜，所以理應居於下方。所以，大國以謙卑的態度來對待小國，就可以令小國來歸順。小國以謙卑的態度來對待大國，（讓大國驕傲自滿，）則同樣可以戰勝大國。所以，要麽（主動）居於下方來戰勝他人，要麽（讓別人）居於下方而被戰勝。（但是，）大國只想兼並別國（，而不想被別國打敗），小國也只是想依附於大國而生存（，而不是想去打敗大國）。如果他們兩者都想各得所需的話，大國應當居於下方。

大國者下流也天下之牝天下之交也牝
恒以靜勝牡爲其靜也故宜爲下也故大
國以下小國則取小國以下大國則
取大國故或下以取或下而取大國不過
欲兼畜人小國不過欲入事人夫皆得其
所欲則大者宜爲下

第六十一章

第六十二章

道者萬物之奧善人之寶不善人之所保美言可以市尊美行可以加人人之不善何棄之有故立天子置三公雖有拱璧以先駟馬不如坐進此道古之所以貴此道者何不曰求以得有罪以免耶故爲天下貴

《老子》第六十二章原文：道者，萬物之奧，善人之寶，不善人之所保。美言可以市尊，美行可以加人。人之不善，何棄之有？故立天子，置三公（卿），雖有拱璧，以先駟馬，不如坐進此道。古之所以貴此道者何？不曰：求以得，有罪以免耶？故爲天下貴。

一笑今譯：道，是宇宙萬物共有的內在本質，既是好人的寶貝，也是壞人的保護傘。動聽的話，可以用來推銷（劣質）酒；漂亮的動作，可以用來當花招蒙騙人。（這些都是）人們常見的不良行爲，（但人們樂此不疲，）不會放棄這麼做。所以，天下擁立天子國君，設置掌管軍事、政治和建設的官員（，來管理國家）。（結果，天子和官員們家裏）雖然擁有奇珍異寶，乘坐四匹馬拉的好車（，卻沒法治理好國家），還不如尊重道（，順其自然）。古時候的人爲什麼尊重道呢？不是有這樣的說法嗎：求助於道（按自然規律辦事）就能成功，犯了罪也能得到赦免。所以，道是最爲可貴的。

《老子》第六十三章原文：爲無爲，事無事，味無味；大小多少，報怨以德。圖難於其易，爲大於其細。天下難事，必作於易；天下大事，必作於細。是以聖人終不爲大，故能成其大。夫輕諾必寡信，多易必多難。是以聖人猶難之，故終無難矣。

一笑今譯：（得道的人，總是）做一些就跟沒做一樣的事，（他的）事業就是無所事事，（他認爲）有味道的東西就是（一般人認爲）沒味道的東西；大事化小，多事化少；對待別人的怨恨，總是能順其自然、不與人計較。難辦的事，要從容易處著手；大事情，則要從小事開始做起。（所以，）天下困難的事業，必定是從容易的地方興起的；天下宏偉的事業，必定是從細小的地方興起的。所以聖人始終不好大喜功，但卻能幹成一番大事業。輕易許諾（的人），必然會失信；（把事情想得）太容易的人，必然會遇到更多的困難。因此，聖人遇事總是往難處設想，所以始終沒有困難。

爲無爲事無事味無味大小多少報怨以
德圖難於其易爲大於其細天下難事必
作於易天下大事必作於細是以聖人終
不爲大故能成其大夫輕諾必寡信多易
必多難是以聖人猶難之故終無難矣

第六十三章

第六十四章

其安易持其未兆易謀其脆易泮其微易散為之於未有治之於未亂合抱之木生於毫末九層之臺起於累土千里之行始於足下民之從事常於幾成而敗之慎終如始則無敗事矣是以聖人欲不欲不貴難得之貨學不學復衆人之所過以輔萬物之自然而不敢為

《老子》第六十四章原文：其安易持，其未兆易謀。其脆易泮，其微易散。爲之於未有，治之於未亂。合抱之木，生於毫末；九層之臺，起於累土；千里之行，始於足下。民之從事，常於幾成而敗之。慎終如（若）始，則無敗事矣。是以聖人欲不欲，不貴難得之貨，學不學；復眾人之所過，以輔萬物之自然，而不敢爲。

一笑今譯：當一個人還沒有察覺的時候，容易控制他；當事物還沒有明顯跡象的時候，容易對付它。（還未鞏固的）脆弱的東西容易化解，（還未凝成團的）細小的東西容易攪散。趁（壞）事情還沒發生之前，就著手防範；趁混亂還沒開始之前，就著手治理。伸開雙手纔抱得過來的大樹，是從小樹芽開始（一寸一寸地）長成的；九層那麼高的土臺，是由泥土（一點一點地）壘起來的；千里的行程，是由腳下（一步一步地）走過來的。人們做事情，常常在即將成功的時候失敗了。（如果到了）後面也像開始時那麼小心謹慎，那麼他就不會失敗。所以，聖人的欲望就是達到沒有欲望的境界，不看重稀世財寶，以沒有學問做爲學問。（他想盡辦法，）消除眾人犯的過錯（對自然界所造成的影響），（以達到）幫助萬物自然發展（的目的），而不敢自己做些什麼（，唯恐對自然環境造成破壞）。

第六十五章

古之善為道者非以明民將以愚之民之難治以其智多故以智治國國之賊不以智治國國之福知此兩者亦稽式常知稽式是謂玄德玄德深矣遠矣與物反矣乃至大順

《老子》第六十五章原文： 古之善爲道者，非以明民，將以愚之。民之難治，以其智多。故以智治國，國之賊；不以智治國，國之福。知此兩者亦稽式；常知稽式，是謂玄德。玄德深矣，遠矣，與物反矣，乃至大順。

一笑今譯： 古時候善於利用道的統治者，不是使人民明白事理，而是使人民愚昧無知。老百姓難以管理，是因爲他們智慧太多。所以，如果用智慧來治國（即：用有智慧的人來治國、實行有違「無爲」的政策來治國），則是國家的禍害；而不用智慧來治國，則是國家的福音。知道這兩點（即：愚民、不以智治國），也就是（知道了）可靠的治國方式；能常常不忘這個治國方式的，就具備了高深的德性。這個高深德性非常深奧，非常遙遠，與通常的事物正好相反，（但只有這麼做，）纔能（使國家政治）順暢自如。

《老子》第六十六章原文：江海之所以能爲百谷王者，以其善下之，故能爲百谷王。是以欲上民，必以言下之；欲先民，必以身後之。是以聖人居上而民不重，處前而民不害。是以天下樂推而不厭。以其不爭，故天下莫能與之爭。

一笑今譯：大江之所以能容納溪流河水、大海之所以能容納江河匯流，是因爲它們能居於下方，因此，他們都能成爲百谷之王。所以，如果有人想爬到老百姓頭上去，就一定要聲明他地位低下；想站到老百姓的前面去，就一定要以身退後。因此，聖人處於人民的上面，而人民不覺得沈重；他處於人民的面前，人民不覺得受害。所以，天下人都樂意推舉他而不討厭他。因爲他不與人爭，所以天下沒有人能爭得過他。

江海之所以能為百谷王者以其善下之
故能為百谷王是以欲上民必以言下之
欲先民必以身後之是以聖人居上而民
不重處前而民不害是以天下樂推而不
厭以其不爭故天下莫能與之爭

第六十六章

第六十七章

天下皆謂我大似不肖夫惟大故似不肖若肖久矣其細也夫我有三寶持而保之一曰慈二曰儉三曰不敢為天下先慈故能勇儉故能廣不敢為天下先故能成器長今捨其慈且勇捨其儉且廣捨其後且先則死矣夫慈以戰則勝以守則固天將救之以慈衛之

《老子》第六十七章原文： 天下皆謂我大，似不肖。夫唯大，故似不肖。若肖，久矣其細也夫！我有三寶，持而保之：一曰慈，二曰儉，三曰不敢爲天下先。慈故能勇，儉故能廣，不敢爲天下先，故能成器長。今捨其慈且勇，捨其儉且廣，捨其後且先，則死矣！夫慈以戰則勝，以守則固。天將救之，以慈衛之。

一笑今譯： 天下的人都說我的道「大」（即能夠做大循環，大度。），似乎品行不端。正

是因爲它「大」，所以看起來纔像品行不端。要是（常人覺得它）中規中矩的話，那它長久以來就已經很渺小了！（不過，）我有三件寶貝（，保護我免受「品行不端」的損害），我把它們珍藏著：一是「慈祥」，二是「節儉」，三是「不敢在天下人面前爭先」。因爲我爲人慈祥，所以（很多人都願意爲我辦事，因此）能夠勇往直前；因爲我節儉，所以（在有限的物質條件下，）就能辦成許多事；因爲不跟人爭強鬥勝，所以能夠獲得更長的成長時間（即「大器晚成」）。如果爲人不慈祥又要勇往直前，如果鋪張浪費又要好大喜空，如果不甘願在別人後面反而要去抛頭露面，那只有死路一條啊！（軍事統帥）靠慈祥愛兵去征戰，一定能打勝仗，去防守也一定能守得牢固。老天爺要救一個人，就讓（他變得）慈祥來保衛他。

《老子》第六十八章原文：善爲士者不武，善戰者不怒，善勝敵者不與，善用人者爲之下。是謂不爭之德，是謂用人之力，是謂配天古之極。

一笑今譯：善於帶兵的人，不靠威嚇；善於作戰的人，不會發怒；善於打敗敵人的人，不與敵人（交鋒）；善於用人的人，謙虛待人。這就是不與人爭的妙處，這就是用人的有效辦法，這就符合早期宇宙的最高原則（即柔而不剛）。

善為士者不武善戰者不怒善勝敵者不
與善用人者為之下是謂不爭之德是謂
用人之力是謂配天古之極

第六十八章

第六十九章

用兵有言曰吾不敢爲主而爲客不敢進寸而退尺是謂行無行攘無臂執無兵扔無敵禍莫大於無敵無敵近亡吾寶故抗兵相若哀者勝矣

《老子》第六十九章原文： 用兵有言曰：吾不敢爲主而爲客，不敢進寸而退尺。是謂行無行；攘無臂；執無兵；扔無敵。禍莫大於無敵，無敵近亡吾寶。故抗兵相若，哀者勝矣。

一笑今譯： 用兵有兩句話叫做：我軍不宜常駐一地，而應不斷運動；不宜稍有進犯，而應大步後退。這樣，（我軍）運動起來，就能像沒有隊列那樣（快捷）；（出擊時，）就能像無形的手臂那樣（迅猛）；手拿著武器，也跟不拿武器那樣（輕便）；消滅敵人時，就像沒有遇到敵人（抵抗那樣有力）。（然而，戰爭）最大的禍患就是天下無敵，天下無敵這種狀況，接近於違背自然規律。所以，如果兩支對抗的軍隊旗鼓相當，那麼，心情悲憤的（弱小的）一方一定能取勝。

《老子》第七十章原文： 吾言甚易知，甚易行，天下莫能知，莫能行。言有宗，事有君。夫唯無知，是以不我知。知我者希，則我貴。是以聖人被褐而懷玉。

一笑今譯： 我的話很容易理解，很容易照做，（而）天下卻沒有人（能夠）理解，（更）沒有人（能夠）照做。聽話要聽真諦，做事要抓關鍵。只因（世人對此）一無所知，所以不理解我。理解我的人很少，因而我就很寶貴。所以說，聖人（雖）身穿粗麻衣（比喻其貌不揚），（卻）懷揣寶玉（比喻有德有才）。

吾言甚易知甚易行天下莫能知莫能行
言有宗事有君夫惟無知是以不我知知
我者希則我貴是以聖人被褐而懷玉

第七十章

第七十一章

知不知尚矣不知知病矣夫惟病病是以不病聖人不病以其病病是以不病

《老子》第七十一章原文： 知不知，尚矣；不知知，病矣。夫唯病病，是以不病。聖人不病，以其病病，是以不病。

一笑今譯： 知道（別人）不知道的事情，就能夠長久；不知道該知道的事情，那就令人擔憂了。（所以，常常）擔憂自己有所不知（的人），就不會有什麼可擔憂的。聖人就沒什麼可擔憂的，因爲他常常擔心自己有所不知，（因而謹慎行事，）所以就沒什麼可擔憂的。

《老子》第七十二章原文：民不畏威，則大威至。無狎其所居，無厭其所生。夫唯弗厭，是以不厭。是以聖人自知不自見，自愛不自貴，故去彼取此。

一笑今譯：（如果）人民不畏懼（統治者的）權威，那麼（統治者）就有了巨大的權威。（要做到這一點，統治者就）不要侵擾百姓的住所，不要壓迫百姓的生活。只有這樣，人民纔不會討厭（統治者，政權纔能長久）。所以，聖人（雖然）知道自己（很有能耐），卻不自我表現；愛惜自己，卻不自以爲高貴；能夠正確對待自己。

民不畏威則大威至無狎其所居無厭其所生夫惟弗厭是以不厭是以聖人自知不自見自愛不自貴故去彼取此

第七十二章

第七十三章

勇於敢則殺勇於不敢則活此兩者或利
或害天之所惡孰知其故天之道不爭而
善勝不言而善應不召而自來繟然而善
謀天網恢恢疏而不失

《老子》第七十三章原文： 勇於敢則殺，勇於不敢則活。此兩者，或利或害。天之所惡，孰知其故？天之道，不爭而善勝，不言而善應，不召而自來，墠然而善謀。天網恢恢，疏而不失。

一笑今譯： 有勇氣又貿然行事（的人），必死無疑；有勇氣但不貿然行事（的人），就能活命。這兩種情況，要麽有利，要麽有害。老天爺所憎惡的，誰能知道其中的緣故呢？宇宙的規律是，不去爭奪就能取勝，不說話就能應答自如，不召喚自己就來，直來直去卻是神機妙算。（自然規律就像）天空中一張寬廣無比的無形巨網，稀稀疏疏，卻沒有任何人、任何事物能逃得出去。

《老子》第七十四章原文：若民恒且不畏死，奈何以死懼之？若民恒且畏死，而爲奇者，吾得而殺之，孰敢？若民恒且必畏死，則恒有司殺者。夫代司殺者殺，是謂代大匠斲。夫代大匠斲者，則希不傷其手矣。

一笑今譯：如果老百姓冥頑不化又不怕死，用死了來恐嚇他們又有什麼用呢？如果老百姓不明事理又怕死，有少數幾個想搗亂的，就將他們抓起來砍頭，那誰還敢（搗亂）呢？如果老百姓認死理又非常怕死，則可以長期設立專門的刑罰部門（，以懲治犯罪）。（否則，）老百姓會自行殺戮，以取代刑罰部門，（這就像外行）代替能工巧匠去做木工活一樣。這樣的外行，很少有不傷到自己的手的。

若民恒且不畏死奈何以死懼之若民恒
且畏死而爲奇者吾得而殺之孰敢若民
恒且必畏死則恒有司殺者夫代司殺者
殺是謂代大匠斲夫代大匠斲者則希有
不傷其手矣

第七十四章

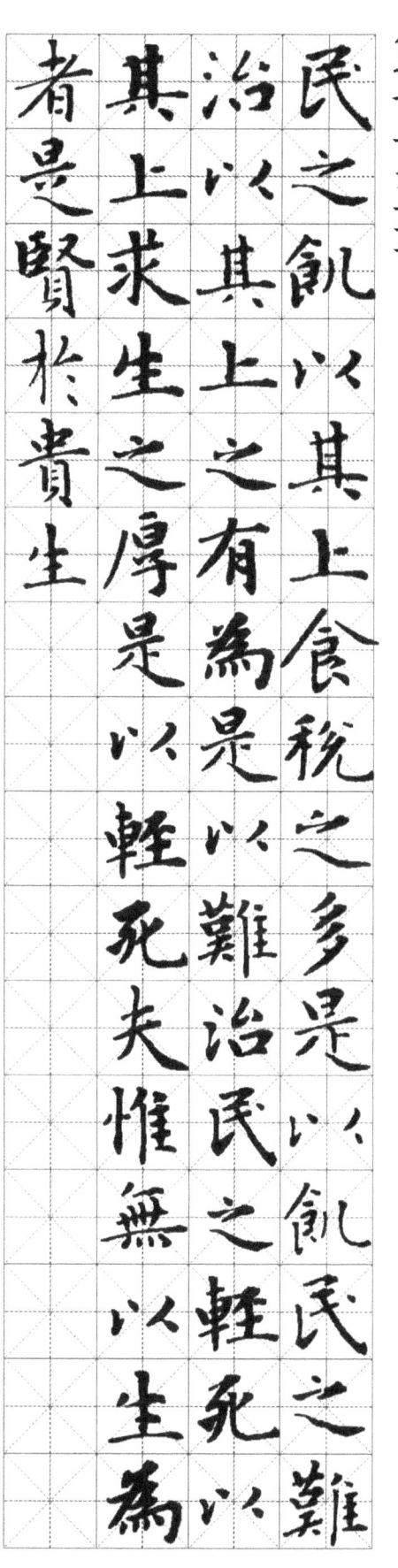

第七十五章

民之飢以其上食稅之多是以飢民之難治以其上之有為是以難治民之輕死以其上求生之厚是以輕死夫惟無以生為者是賢於貴生

《老子》第七十五章原文： 民之饑，以其上食稅之多，是以饑；民之難治，以其上之有爲，是以難治；民之輕死，以其上求生之厚，是以輕死。夫唯無以生爲者，是賢於貴生。

一笑今譯： 老百姓餓肚子，是因爲統治者稅收太重（，使得老百姓所剩無幾），所以（老百姓）只好餓肚子；老百姓不好統治，是因爲統治者無事生非（，老百姓已經煩透他們了），所以（老百姓）不好統治；老百姓不在乎自己的性命，是因爲統治者太過注重保養自己的生命（，壓迫得老百姓沒法活命），所以（老百姓）只好不在乎自己的性命。總之，連過日子都困難的統治者，都要比注重保養的統治者高明。

《老子》第七十六章原文： 人之生也柔弱，其死也堅強。萬物草木之生也柔脆，其死也枯槁。故堅強者死之徒，柔弱者生之徒。是以兵強則不勝，木強則折。強大處下，柔弱處上。

一笑今譯： 人活著的時候，（身體）是柔和軟弱的；死後卻變得堅挺僵硬了。萬物和草木活著得時候，（身軀、枝葉都）是柔軟脆嫩的，死後卻變得幹枯直硬了。所以，堅強僵硬是死亡的屬性，柔和軟弱是生命的屬性。因此，軍隊變得強大之後，便（轉向）不能打勝仗；樹木變得堅硬之後，就會折斷。（總而言之，）強大處於劣勢地位，柔弱處於優勢地位。

人之生也柔弱其死也堅強萬物草木之生也柔脆其死也枯槁故堅強者死之徒柔弱者生之徒是以兵強則不勝木強則折強大處下柔弱處上

第七十六章

第七十七章

天之道其猶張弓乎高者抑之下者舉之有餘者損之不足者補之天之道損有餘而補不足人之道則不然損不足以奉有餘孰能有餘以奉天下唯有道者是以聖人為而不恃功成而不處其不欲見賢

《老子》第七十七章原文： 天之道，其猶張弓乎？高者抑之，下者舉之，有餘者損之，不足者補之。天之道，損有餘而補不足。人之道則不然，損不足以奉有餘。孰能有餘以奉天下？唯有道者。是以聖人爲而不恃，功成而不處，其不欲見賢。

一笑今譯： 老天爺的道理（自然規律），不正是像張弓（射箭）嗎？（瞄準的時候，）弓舉得過高了，就放低一些，放得太低了，就舉高一些；弓拉得太滿了，就放松一些；拉得不夠滿，就加把勁把它拉滿了。老天爺的道理，是減少有多餘的，以補給不足的。（但）人間的道理卻不是這樣（，而是正好相反），減少不足的，以奉獻給有多餘的。誰能將自己多餘的拿出來奉獻給天下呢？只能是有道（認識自然規律）的人。所以，聖人做事不是爲了讓別人以爲他了不起，事業成功了也不居功自傲，（總之，）他不願意表現他的德行和才能。

《老子》第七十八章原文： 天下柔弱，莫過於水，而攻堅強者莫之能勝，以其無以易之。柔之勝剛，弱之勝強，天下莫不知，莫能行。故聖人云：受國之垢，是謂社稷主；受國不祥，是謂天下王。正言若反。

一笑今譯： 天下的東西，沒有比水更爲柔和、軟弱的了，但是，征服堅硬強大事物的本領，也沒有超過水的。這正是因爲，它（的至柔特性）沒有任何物質可以取代。柔軟能夠戰勝剛硬，弱小能夠戰勝強大，（這個道理）天下人沒有不知道的，但是，卻沒有人能夠做得到。所以，聖人說：「能承受國家恥辱的人，就可以當國家的君主；能承受天下災禍的人，就可以當天下的最高統治者。」這些正話，聽起來卻像反話。

天下柔弱莫過於水而攻堅強者莫之能
勝以其無以易之柔之勝剛弱之勝強天
下莫不知莫能行故聖人云受國之垢是
謂社稷主受國不祥是謂天下王正言若反

第七十八章

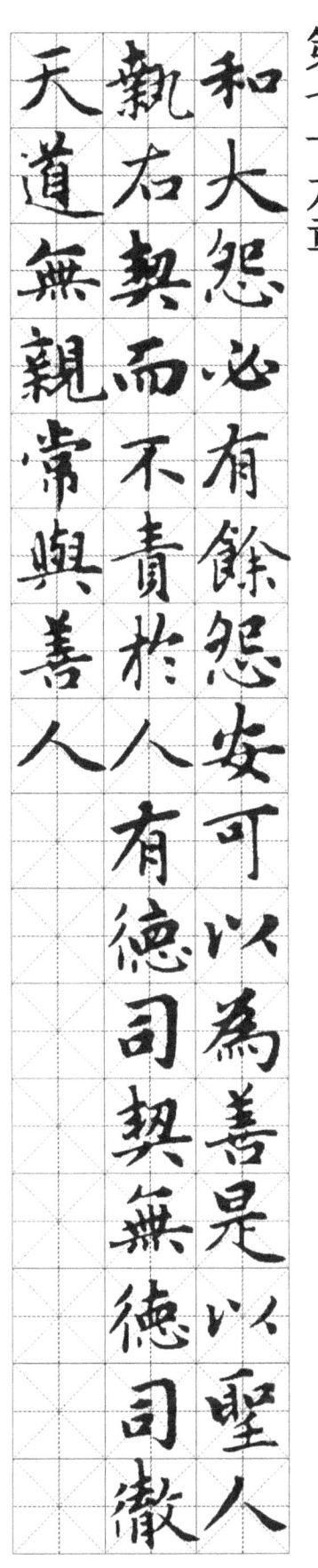

第七十九章

和大怨必有餘怨安可以爲善是以聖人執右契而不責於人有德司契無德司徹天道無親常與善人

《老子》第七十九章原文： 和大怨，必有餘怨，安可以爲善？是以聖人執右契而不責於人。有德司契，無德司徹。天道無親，常與善人。

一笑今譯： 如果對仇恨進行調和的話，一定不能使之完全化解，這怎麼能算得上善行呢？所以，聖人保存債權契約，而不去討債（，以化解債權人和債務人之間的怨恨）。有德行的人，保管好契約（，而不去索債）；沒德行的人，只管討債（，而不顧別人的死活）。宇宙間的自然規律不會對誰更有利一些，（不過）常常跟善良的人們站在一邊。

《老子》第八十章原文：小國寡民，使有什佰人之器而不用，使民重死而不遠徙。雖有舟車（輿）無所乘之；雖有甲兵無所陳之。使民復結繩而用之。甘其食，美其服，安其居，樂其俗。鄰國相望，雞犬之聲相聞，民至老死不相往來。

一笑今譯：對於一個人口很少的小國，即使有相當於百十人力量的工具，也不要使用；讓老百姓重視死喪這件事，因而不要移居遠方。即使有車船，也讓老百姓沒有機會乘坐；即使有軍隊，也不要布置。讓老百姓恢復（基礎農業勞動，如自家）搓麻結繩來使用（等，而不要去幹經商等勾當）。使他們吃得好，穿得美，住得安，喜歡自己的風俗。鄰國人看得見，連雞鳴狗吠都聽得到，（但是，）老百姓到老、到死，也不會相互往來。（小型國家就像精美的盆景，不會有人因爲羨慕盆景的美，而搬到盆景裏去住的。）

小國寡民使有什伯人之器而不用使民
重死而不遠徙雖有舟車無所乘之雖有
甲兵無所陳之使民復結繩而用之甘其
食美其服安其居樂其俗鄰國相望雞犬
之聲相聞民至老死不相往来

第八十章

第八十一章

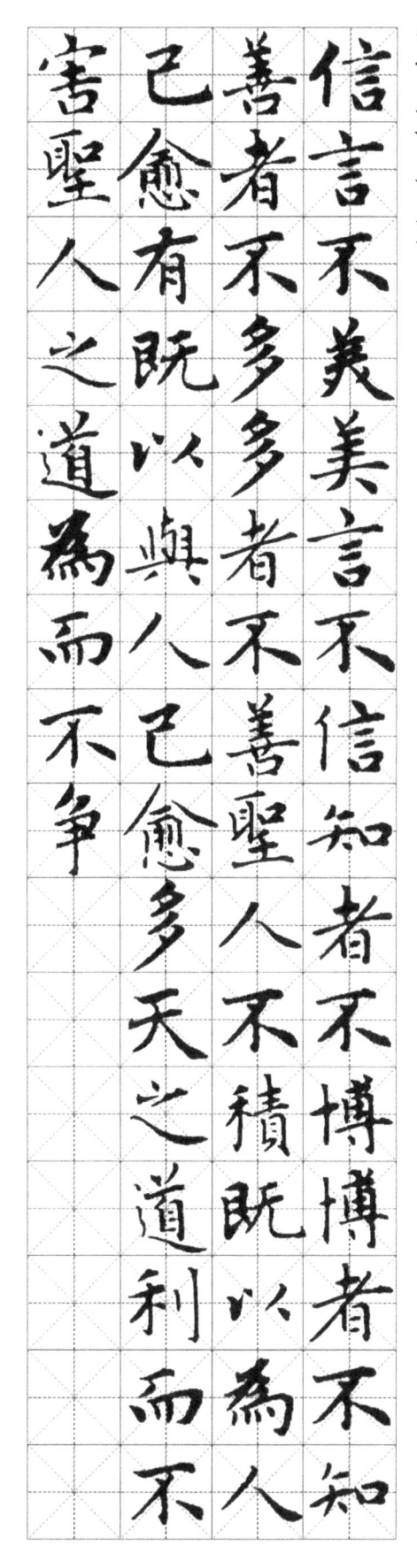

信言不美美言不信知者不博博者不知
善者不多多者不善聖人不積既以為人
己愈有既以與人己愈多天之道利而不
害聖人之道為而不争

《老子》第八十一章原文：信言不美，美言不信；知者不博，博者不知；善者不多，多者不善。聖人不積。既以爲人，己愈有；既以與人，己愈多。天之道，利而不害；聖人之道，爲而不爭。

一笑今譯：大實話不中聽，漂亮話不可信；（對某方面）真正精通的人知識面不廣，知識面廣的人不真精通；好的東西不多，多的東西不好。聖人不積存東西。（他）爲別人做事之後，自己就有更加富有；把（自己的東西）分給了別人之後，自己的（財富）就更多。老天爺的道理（即自然規律），（對人）有好處而沒有壞處；聖人的道理，是做事，而不是跟人爭搶。

附錄一：老子的道德與物理學的能質

一　笑

《老子》五千餘言，不僅滿篇是「道」與「德」的字樣，而且被後人稱作《道德經》。那麼，老子所說的「道」與「德」，到底是甚麼東西呢？它們跟我們今天所說的「道德」，又有甚麼關係和區別呢？翻開《辭海》（上海辭書出版社，一九九九年版），在「道德」詞條下有這樣的解釋：《老子》中的「道」指事物運動變化所必須遵循的普遍規律或萬物的本體。「德」和「得」意義相近，指具體事物從「道」所得的特殊規律或特殊性質；對於「道」的認識修養有得於己，亦稱爲「德」。簡言之，「道」，即普遍規律和事物本身，「德」，即特殊規律或者個人修養的提高。這基本上代表了當今學術界的主流觀點。此外，還有一些其他觀點。比如，認爲：「道」即「路」，是世界及其產生以來的全部歷史；「德」是指「道」的整體無限本質，或人類由此秉承而來的無限的本質。這兩種觀點各有其獨到之處，但這是不是老子的本意呢？我們還是回到《老子》上來，看看老子是怎麼說的。

首先，老子爲「道」做出了明確的定義：道之爲物，惟恍惟惚；恍兮惚兮，其中有物（第二十一章）。也就是說，「道」，是一種確確實實存在的物質，而不是非物質的「規律」。其次，老子詳細闡明了「道」這種物質所具備的各種性質。我們把它分類歸納如下：一、「道」的物質特性：道沖（第四章）；寂兮寥兮，獨立而不垓（第二十五章）。即：「道」這種物質，是一種空虛寂靜的東西，它不依賴任何事物而獨立存在。視之不見，聽之不聞，摶之不得；是謂無狀之狀，無物之象；是謂忽恍（第十四章）；視之不足見，聽之不足聞（第三十五章）。即：

「道」是沒有形狀，沒有外觀，看不見，聽不到，摸不著的物質。水幾於道（第八章）。即：「道」的物質特性和水相近。二、「道」的空間特性：大道泛兮，其可左右（第三十四章）。即：在空間上，「道」這種物質充滿了整個宇宙，甚至宇宙以外的空間。三、「道」的時間特性：無名，天地之始（第一章）；象帝之先（第四章）；有物混成，先天地生；可以爲天地母（第二十五章）；道生一（第四十二章）；道生之（第五十二章）。即：「道」這個物質，在實形宇宙誕生之前就已經存在，她是宇宙及萬物的母親。自今及古，其名不去（第二十一章）。即：在時間上，「道」這種物質無時無刻不存在著。四、「道」的運動特性：周行而不殆；大曰逝，逝曰遠，遠曰反（第二十五章）；反者，道之動（第四十章）。即：「道」這種物質，始終處於運動狀態，而且循環往復，無窮無盡。五、「道」的功能特性：用之或不盈（第四章）；綿綿若存，用之不堇（第六章）；用之不足既（第三十五章）。即：「道」這種物質，是取之不盡、用之不竭的。柔弱勝剛強（第三十六章）；弱者，道之用（第四十章）；天下之至柔，馳騁天下之至堅；無有入無間（第四十三章）；天下柔弱，莫過於水，而攻堅強者莫之能勝（第七十八章）。即：「道」這種物質之所以能發揮作用，正是因爲它無比柔弱的物質特性，並且因此而無堅不摧、無孔亦入。道恒無爲而無不爲（第三十七章）。即：「道」這種物質，不做任何事情；但是，就在它甚麼都不做的同時，任何事情都被它做成功了。道之出，口淡乎其無味，視之不足見，聽之不足聞（第三十五章）。即：「道」這種物質，不能直接吃，不能直接看，不能直接聽。譬道之在天下，猶川谷之於江海（第三十二章）。即：「道」這種物質，雖然看不見、摸不著，不做任何事情，也不能當飯吃，但宇宙和萬物卻都離不開它。

綜上所述：「道」，是一種物質，虛無飄渺，卻無時無處不存在，而且在宇宙誕生之前就已經存在了；往復運動不止；柔弱無比，卻無堅不摧、無孔亦入，宇宙和萬物都離不開它。這是一種甚麼物質呢？聯想一下宇宙大爆炸理論，我們不難得出答案：它就是物理學上的能量。物理學對能量的定義如下：用作功本領來度量的物質及其運動屬性；相對於不同的運動，能量可分爲機械能、分子能、電能、化學能、核能等；當運動形式發生轉換時，能量形式也同時發生轉換，並服從能量守恒定律。看完這個定義，你也許會問：能量是物質嗎？愛因斯坦在他的狹義相對論中，提出了質能轉換公式，而且，這個公式在核物理學中得到了證明和廣泛應用（如核能的開發利用）。也就是說，能量和質量是等價的，都是物質的形式之一。如果這比較難以想象，我們就來看看一種常見的純能量物質——電磁場，中學物理學告訴我們，「電磁場是物質」。此外，本書著者還認爲，任何「零靜止質量」的運動或能量束，都會表現出一定的「靜止質量」，也就是說，能量本身就是質量。

如果我們同意能量就是物質，那麼再讓我們反過來看看，能量是如何滿足「道」的每一個性質的：一、物質特性：能量本身不占據任何空間，不會發出響聲，因此它是空虛寂靜的；早期宇宙就是由純輻射能量構成的，任何輻射一旦發出之後，就能獨立存在和運動；能量本身是看不見摸不著的；各種射綫充滿了宇宙，在這一點上，跟水的性質相似。二、空間特性：無處無物不存在各種形式的能量。三、時間特性：根據能量守恒定律，能量永遠不會消失；根據宇宙大爆炸理論，能量的產生早於實形物質宇宙。四、運動特性：根據能量守恒定律，各種能量可以相互轉換，能量的本質就是運動，因此，能量的運動是循環往復，無窮無盡的。

五、功能特性：根據能量守恒定律，宇宙的總能量是無窮無盡的；高能射綫無堅不摧，各種射綫可以穿透各種宏觀無間隙的物體（一種屏蔽作用不能屏蔽所有的能量形式）；能量不會自動作功，但任何事情都必需能量來完成，因此宇宙萬物都離不開它。

總而言之，「道」是由一切能量形式的共同本質，即運動，所構成的物質。當然，老子所說的「道」，除了指能量本身之外，也包括能量所必須遵守的規律。一句話：老子所謂的「道」，是指作爲物質的能量及其規律的總和。

我們知道了甚麼是「道」，那麼，老子所說的「德」又是甚麼呢？雖然整篇《老子》對「德」著墨不多，但也足以使我們把握它的定義和性質。請看：道生之，德畜之（第五十一章）。這說明，「德」是能夠養育萬物的東西，它不可能像「道」那樣虛無飄渺，可觸摸，可直接食用。也就是說，「德」一定是一種有形物質。同於德者，道亦得之（第二十三章）；故失道而後德（第三十八章）；孔德之容，惟道是從（第二十一章）。這說明：「德」跟「道」（即能量）密不可分，並產生於「道」之後，而且它的運動受到「道」的支配。上德若谷，廣德若不足（第四十一章）；上德不德，是以有德；下德不失德，是以無德（第三十八章）。這說明，「德」這種物質多了，反而像少的樣子；但實際上，多的還是多，少的還是少。這一點非常有意思。甚麼東西會是這樣呢？含德之厚者，比於赤子：毒蟲不螫，猛獸不據，攫鳥不搏（第五十五章）。「德」的這一點也很有意思：「德」這種物質多了，世間萬物都要回避它。重積德則無不克（第五十九章）。這說明，「德」這種物質多了，雖然不能無堅不摧，但也威力無比。不過，比起「道」來說，卻不能做到無孔不入，更不可能無孔亦入。

有了上述這些不多的論述，再聯係到宇宙大爆炸理論、萬有引力理論、以及黑洞的假說，我們不難得出結論：「德」就是質量。有直接靜止質量的宇宙及物體，產生於初始宇宙的純能量；是生命賴以生存的物質基礎；它的運動無一不跟能量有直接關係，並且受到能量的支配；質量很大的物體或天體，引力巨大，能吸引其他物體奔向它，看起來就像它缺少東西一樣；意識到它的引力的生命體，如果不想被它吸住，就不能靠它太近。總之，老子所謂的「道」與「德」，實際上就是物理學上的能量與質量及其所遵守的規律總和，它對人們的要求，就是遵守宇宙及自然的運動規律，它的最高準則就是「順其自然」。這跟我們今天所說的道德品質的「道德」，有甚麼關係、又有甚麼區別呢？

現在，我們通常所說的「道德」，指的是儒家所流傳下來的道德規範。在《論語　述而第七》中有：「子曰：「志於道，據於德。」」這裏的「道」，是指理想的人格品質以及社會圖景，是人們應該立志追求的東西；「德」，則是人們追求「道」這個理想，所必須達到的立身根據和行爲準則。簡單地說，「道德」，就是以善惡爲評價標準的行爲準則。儒家道德觀以「禮」爲基礎，以「仁」爲最高境界和核心。在《論語》中，孔子並沒有對「仁」進行明確的定義，詞典、辭海對此也沒有嚴格的定義，大致可以理解爲「有愛心」。據本書著者統計，在兩萬言的《論語》中，「仁」字出現了一百一十次，這足以說明「仁」在儒學中的重要地位。除了「仁」和「禮」之外，儒家道德還包括：「忠」、「孝」、「義」和「信」。做到這些，則要靠「克己」（約束自己）。而老子的道德觀，則是以「自然」爲基礎的，老子所崇尚的社會理想是「天道」：「天之道，損有餘而補不足（第七十七章）。」因此，老子的道德對個人行爲的基本要求是不

爭（第三、八、二十二、六十六、六十八、七十三和八十一章）、謙虛和節儉，而最高境界則是「以身爲天下」（第十三章）的大公無私的思想。老子的道德觀，是要人們認識自然規律，遵守自然規律，保護環境，建立一個和諧、公正的社會。由此可見，老子的道德觀與儒家的道德觀有很大的差別。孔子說：「道不同，不相爲謀。」（《論語　衛靈公第十五》）《史記》的作者司馬遷認爲，這說的就是儒、道兩家的差別。

有意思的是，以守信爲重要信條的孔子卻認爲，「言必信（說到做到）」是小人的行爲（《論語　子路第十三》），而老子卻說：「信者，吾信之；不信者，吾亦信之；德信也（第四十九章）。」同樣有意思的是，老子提倡「報怨以德」（第六十三章），而以「仁愛」爲本的孔子則明確表示反對。在《論語　憲問第十四》中有：「或曰：「以德報怨，何如？」子曰：「何以報德？以直報怨，以德報德。」」實際上，孔子所謂的「以直報怨」，就是「以怨報怨」，普通人都會這麼做，當然也是無可指責。但是，老子的「報怨以德」，實際上是「順其自然」的表現，是最終化解矛盾的最佳方案（參見第七十九章）。這與佛家勸人「棄惡從善」的思想不謀而合。綜上所述，我們可以得出結論，道家的道德觀要比儒家的更爲高明，更爲寬厚，更符合自然，更符合人性。雖然儒道兩家差別如此之大，但孔子對老子的評價卻非常高，把老子比作天上的龍。《史記　老子韓非列傳第三》中有：孔子去，謂弟子曰：「……至於龍，吾不能知，其乘風雲而上天？吾今日見老子，其猶龍邪！」

正如孔子所說的那樣，老子及其學說是「不能知」的。本書對老子的研究，也只能算是在「不能知」中的勉強求知，其中難免有不妥與錯誤之處，敬請讀者不吝指教。

附錄二：《史記卷六十三　老子韓非列傳第三》

司馬遷

老子者，楚苦縣厲鄉曲仁里人也，姓李氏，名耳，字聃，周守藏室之史也。

孔子適周，將問禮於老子。老子曰：「子所言者，其人與骨皆已朽矣，獨其言在耳。且君子得其時則駕，不得其時則蓬累而行。吾聞之，良賈深藏若虛，君子盛德，容貌若愚。去子之驕氣與多欲，態色與淫志，是皆無益於子之身。吾所以告子，若是而已。」孔子去，謂弟子曰：「鳥，吾知其能飛；魚，吾知其能游；獸，吾知其能走。走者可以為罔，游者可以為綸，飛者可以為矰。至於龍，吾不能知，其乘風雲而上天？吾今日見老子，其猶龍邪！」

老子修道德，其學以自隱無名為務。居周久之，見周之衰，乃遂去。至關，關令尹喜曰：「子將隱矣，強為我著書。」於是老子乃著書上下篇，言道德之意五千餘言而去，莫知其所終。或曰老萊子亦楚人也，著書十五篇，言道家之用，與孔子同時云。蓋老子百有六十餘歲，或言二百餘歲，以其修道而養壽也。自孔子死之後百二十九年，而史記周太史儋見秦獻公曰：「始秦與周合，合五百歲而離，離七十歲而霸王者出焉。」或曰儋即老子，或曰非也，世莫知其然否。老子，隱君子也。老子之子名宗，宗為魏將，封於段幹。宗子注，注子宮，宮玄孫假，假仕於漢孝文帝。而假之子解為膠西王卬太傅，因家於齊焉。

世之學老子者則絀儒學，儒學亦絀老子。「道不同不相為謀」，豈謂是邪？李耳無為自化，清靜自正。

莊子者，蒙人也，名周。周嘗爲蒙漆園吏，與梁惠王、齊宣王同時。其學無所不闚，然其要本歸於老子之言。故其著書十餘萬言，大抵率寓言也。作《漁父》、《盜跖》、《胠篋》，以詆訿孔子之徒，以明老子之術。《畏纍虛》、《亢桑子》之屬，皆空語無事實。然善屬書離辭，指事類情，用剽剝儒、墨，雖當世宿學不能自解免也。其言洸洋自恣以適己，故自王公大人不能器之。楚威王聞莊周賢，使使厚幣迎之，許以爲相。莊周笑謂楚使者曰：「千金，重利；卿相，尊位也。子獨不見郊祭之犧牛乎？養食之數歲，衣以文繡，以入太廟。當是之時，雖欲爲孤豚，豈可得乎？子亟去，無汙我。我寧遊戲汙瀆之中自快，無爲有國者所羈，終身不仕，以快吾志焉。」

申不害者，京人也，故鄭之賤臣。學術以干韓昭侯，昭侯用爲相。內修政教，外應諸侯，十五年。終申子之身，國治兵強，無侵韓者。申子之學本於黃老而主刑名。著書二篇，號曰申子。

韓非者，韓之諸公子也。喜刑名法術之學，而其歸本於黃老。非爲人口吃，不能道說，而善著書……（略）申子、韓子皆著書，傳於後世，學者多有。余獨悲韓子爲說難而不能自脫耳。

太史公曰：老子所貴道虛無，因應變化於無爲，故著書辭稱微妙難識。莊子散道德，放論，要亦歸之自然。申子卑卑，施之於名實。韓子引繩墨，切事情，明是非，其極慘礉少恩。皆原於道德之意，而老子深遠矣。

关于编著者

一笑(YeShell)，本名罗强，理工类哲学博士(Ph.D.)，中英文双语作家，编剧，词曲作者。1966 年出生于中国广西，1983 年就读于清华大学，1988 年、1992 年清华大学本科、硕士毕业。1997 年留学日本东京大学，2000 年获博士学位，2004 年在加拿大不列颠哥伦比亚大学做博士后，2008 年在美国关岛大学任助理教授，现为加拿大一笑文化传播有限公司(YeShell Culture Corporation)总编辑。

1987 年开始业余文学创作，在国外居住期间，结合天文学及自然科学，长期对中国传统文化进行独到的研究。在国内出版有专著《老子与〈道德经〉》(21 世纪出版社，2005)，该书被译成韩语在韩国出版(2006)。在美国出版有：长篇英文小说“The One-Tree Grove”(《独树成林》, Lulu Press, 2007, 2009)，该书汉语版在云南《西双版纳报》上全文连载(2009)；长篇英文科幻小说“Birth of Death”(《死亡生产》)；长篇军事小说《火树血恋》；长篇都市小说《香消玉殒温哥华》，教材《格律诗词写作浅讲》中英文版，《虚无谷大历险—〈老子〉与科学的故事》、《四维表大穿越—〈论语〉与历史文化的故事》等。剧作品有：描写 2008 年汶川大地震救援的电影及话剧剧本《子弟兵的诺言》，24 集电视连续剧剧本《相约枫叶红》、英文电影剧本“The Great Bear Rainforest”(《大熊雨林》)、英文电影剧本“Tea Glamour”(《跨国恋情三道茶》)等。

欢迎来信交流，编著者电子信箱：yeeshell@gmail.com。

出版说明

赵孟頫（fǔ）（西元 1254—1322），字子昂，号松雪道人，又号水精宫道人、鸥波，浙江吴兴（今浙江湖州）人。宋皇室后代，元初著名书画家、诗人。官至荣禄大夫、知制诰兼修国史之职。擅长篆、隶、楷、行、草书，尤以楷、行书着称于世。其书法风格遒劲秀逸，结构严整，笔法圆熟，世称“赵体”，其楷书与唐代颜真卿、柳公权等齐名。楷书《老子》为其代表作之一，书于延佑三年(西元 1316 年)，时年 63 岁，笔法十分老道，既稳健又洒脱，既刚健又圆润。

《老子》又称《道德经》，相传为老子所著（参见附录），虽然只有五千言，却是中国古代最为杰出的哲学著作。虽然《老子》著于二千五百年前，却饱含现代天文学、核物理学、生命科学、环境科学以及其他自然科学最为先进的原理，以《老子》为指导，甚至可以找到目前科学家尚未发现的秘密。在养生方面，老子提倡“道法自然”、“无为而无不为”、“知足常足”、“不争”等理念，是其他学派所不能及的。在道德修养方面，老子提倡“报怨以德”、“守道”、“德善”、“德信”等，更是道德修养的最高境界。

本书将赵孟頫楷书《老子》与本书编著者多年潜心研究的成果编攥在一起，使得读者在欣赏书法艺术的同时，对中国古代最为深奥、最富哲理的东方哲学有一定的了解。本书的《老子》原文，由编著者以今本为基础，参照马王堆帛书本精心修订而成。

编著者：一笑（博士）于加拿大维多利亚

西元二〇一六年、黄帝纪年四七一三（丙申）年夏

Interpretation of *Lao-zi* with Zhao Mengfu's Calligraphy
In simplified Chinese: 赵孟頫楷书——《老子》解说
In traditional Chinese: 趙孟頫楷書——《老子》解說
By YeShell
一笑/編著
共 3 萬 4 千字，106 頁

ISBN-13: 978-1522948391
ISBN-10: 1522948392

Published by YeShell Culture Corporation
First Edition, 2016

YeShell is a bilingual author and playwright who published books that he wrote and edited in both Chinese and English in both Mainland China and North America. YeShell's publications include fictions, storybooks for children, classical Chinese literature (edited), and research books on classical Chinese literature and philosophies.

This book and other works by YeShell are available worldwide online at:
http://www.amazon.com/
You may search "YeShell" on this website for all YeShell's works, or visit Amazon YeShell's author page:
http://www.amazon.com/YeShell/e/B00JA7RCFU/ref=ntt_dp_epwbk_0
本書及一笑作品海外發行網站：http://www.amazon.com/
一笑作品可在此網站搜索關鍵詞“YeShell”，或直接訪問一笑作者網頁：
http://www.amazon.com/YeShell/e/B00JA7RCFU/ref=ntt_dp_epwbk_0

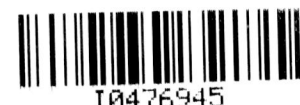

Interpretation of *Lao-zi* with Zhao Mengfu's Calligraphy

趙孟頫楷書《老子》解說

一笑　編著

By YeShell

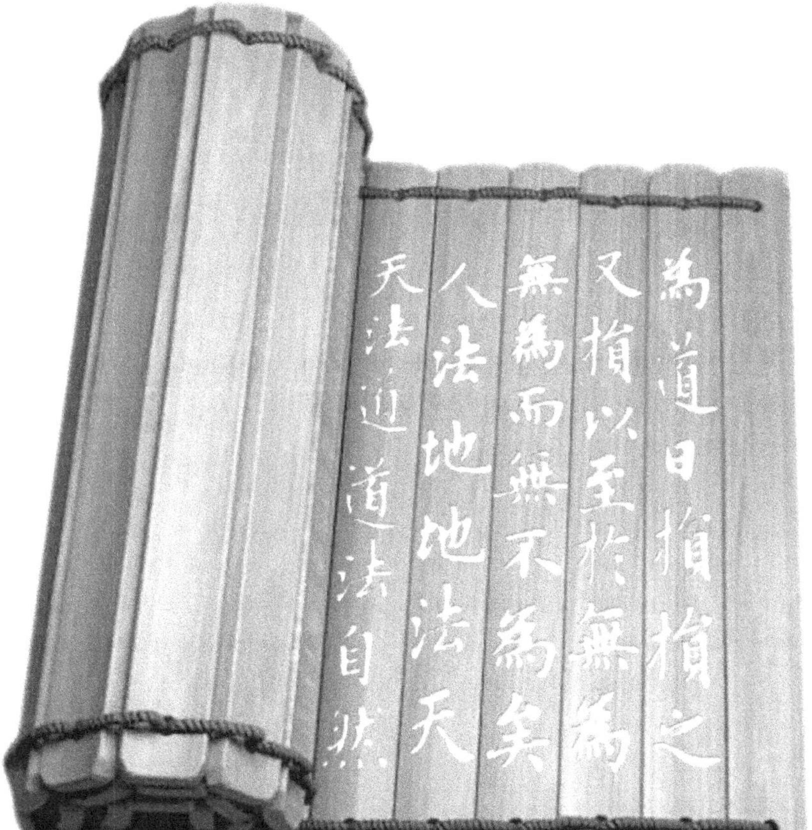

一笑文化傳播 • YeShell Culture Corporation